本书受华北电力大学中央高校基本科研业务费面上项目资助
项目名称：汉语流水句的判定、组构和英译探究，项目号：2022MS056

汉语流水句及其内在组构方式探究

崔 靓 / 著

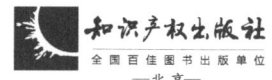

知识产权出版社
全国百佳图书出版单位
—北京—

图书在版编目（CIP）数据

汉语流水句及其内在组构方式探究 / 崔靓著.
北京：知识产权出版社，2025.5. -- ISBN 978-7-5130-9941-7

Ⅰ.H146.3

中国国家版本馆 CIP 数据核字第 202564GL80 号

责任编辑：兰　涛　　　　　　责任校对：王　岩
封面设计：春天书装　　　　　　责任印制：孙婷婷

汉语流水句及其内在组构方式探究

崔　靓　著

出版发行：	知识产权出版社有限责任公司	网　　址：	http://www.ipph.cn
社　　址：	北京市海淀区气象路50号院	邮　　编：	100081
责编电话：	010-82000860 转 8325	责编邮箱：	lantao@cnipr.com
发行电话：	010-82000860 转 8101/8102	发行传真：	010-82000893/82005070/82000270
印　　刷：	北京建宏印刷有限公司	经　　销：	各大网上书店、新华书店及相关专业书店
开　　本：	720mm×1000mm　1/16	印　　张：	13.5
版　　次：	2025年5月第1版	印　　次：	2025年5月第1次印刷
字　　数：	182千字	定　　价：	88.00元
ISBN 978-7-5130-9941-7			

出版权专有　侵权必究

如有印装质量问题，本社负责调换。

目 录

第一章 绪 论 ·· 1
  1.1 研究缘起 ··· 1
  1.2 研究背景 ··· 4
  1.3 研究意义 ··· 8
  1.4 研究思路 ··· 9
  1.5 章节安排 ·· 12

第二章 流水句研究回顾 ·· 14
  2.1 引 言 ·· 14
  2.2 流水句的界定和句构特征 ··· 15
  2.3 流水句的类型划分 ··· 17
  2.4 流水句的语义特征 ··· 21
  2.5 流水句的成因 ··· 25
  2.6 流水句的组构方式 ··· 28
  2.7 小 结 ·· 44

第三章 流水句的判定要素及零散属性 ·· 46
  3.1 引 言 ·· 46
  3.2 要素分析与属性归纳 ··· 48
  3.3 要素一：一般不用关联词语 ·· 52
  3.4 要素二：句段句式类型多样 ·· 60
  3.5 要素三：句段主语时常隐含 ·· 67

3.6 要素四：多个不同主语共现 …………………………… 75
3.7 小　结 …………………………………………………… 80

第四章　判定要素的层级性及识别机制 …………………… 82
4.1 引　言 …………………………………………………… 82
4.2 研究设计 ………………………………………………… 83
4.3 统计结果 ………………………………………………… 85
4.4 讨论与分析 ……………………………………………… 88
4.5 流水句识别机制 ………………………………………… 107
4.6 小　结 …………………………………………………… 110

第五章　话题链与流水句的组构 …………………………… 112
5.1 引　言 …………………………………………………… 112
5.2 话题链的界定和话题表现 ……………………………… 114
5.3 同一话题链中的零形式是否同指 ……………………… 120
5.4 话题链的层次性 ………………………………………… 129
5.5 小　结 …………………………………………………… 132

第六章　单一话题链与流水句的组构 ……………………… 133
6.1 引　言 …………………………………………………… 133
6.2 话题链中话题的导入方式 ……………………………… 134
6.3 单一话题链构成的流水句——以《活着》为例 ……… 137
6.4 小　结 …………………………………………………… 144

第七章　内嵌式话题链与流水句的组构 …………………… 145
7.1 引　言 …………………………………………………… 145
7.2 语篇中的定景机制 ……………………………………… 146
7.3 插入成分的定景功能 …………………………………… 147
7.4 信息补充型插入成分 …………………………………… 150
7.5 场景描写型插入成分 …………………………………… 160
7.6 叙事推动型插入成分 …………………………………… 163

7.7 小　结 …………………………………………………… 168

第八章　套接式话题链与流水句的组构 ……………………… 169
　8.1 引　言 …………………………………………………… 169
　8.2 严式套接链与宽式套接链 ……………………………… 170
　8.3 两类套接链构成的流水句——以《活着》为例 ……… 176
　8.4 联结两个以上套接链的流水句——以《活着》为例 … 188
　8.5 小　结 …………………………………………………… 189

第九章　结　语 …………………………………………………… 190
　9.1 引　言 …………………………………………………… 190
　9.2 研究的主要发现 ………………………………………… 191
　9.3 研究的不足与展望 ……………………………………… 194

参引文献 ………………………………………………………… 198

第一章

绪 论

1.1 研究缘起

早在1961年，我国著名的语言学家、语文教育家吕叔湘先生就发现，"汉语里面有些句子恐怕不能完全按西方语法的格局来分析，……汉语的句子有时候里里拉拉的，不那么严密，可以考虑分成'句段'来分析"（胡明扬、劲松，1989：42），并在1979年出版的《汉语语法分析问题》一书中提出，汉语中有一类句子，一个小句接一个小句，很多地方可断可连，将其正式定名为"流水句"，进而指出了加强流水句研究的重要性（吕叔湘，1979/2013：23）。试看以下各例：

(1a) 次日，众猴$_i$果去采仙桃，$\emptyset_i$摘异果，$\emptyset_i$刨山药，$\emptyset_i$劚黄精，芝兰香蕙$_j$，瑶草奇花$_k$，般般件件$_m$，整整齐齐$_{j/k/m/j,k,m}$，$\emptyset_i$摆开石凳石桌，$\emptyset_i$排列仙酒仙肴。① （吴承恩，《西游记》第1回）

---

① 为方便分析，句内$\emptyset$以及英语字母下标均系本书作者所加，$\emptyset$代表话题的零形回指形式，英语字母下标代表不同的话题所指，下同。

(1b) The next day the monkeys set out to pick magic peaches, gather rare fruits, dig out yams, and cut Solomon's – seal. ***Magic fungus and fragrant orchid were collected***, **and *everything* was set on the stone benches and the stone tables,** with fairy wine and dishes. [詹纳尔（Jenner）译]

(2a) ∅ᵢ战不数合，**那怪**ⱼ吊回头，∅ⱼ望巽地上，∅ⱼ才待要张口呼风，∅ⱼ只见那半空里，**灵吉菩萨**ₖ将**飞龙宝杖**ₖ丢将下来，∅ᵢ不知∅ⱼ念了些甚么咒语，∅ₖ却是一条八爪金龙ₘ，∅ₘ拨喇的轮开两爪，∅ₘ一把抓住**妖精**ⱼ，∅ₘ提着头，∅ₘ两三掼，∅ⱼ掼在山石崖边，∅ⱼ现了本相，∅ⱼ却是一个黄毛貂鼠ⱼ。（吴承恩，《西游记》第 21 回）

(2b) When only a few rounds had been fought, ***the monster*** turned to the Southeast *and* was just going to open *his* mouth *and* blow out a wind when ***the Bodhisattva Lingji*** appeared in mid – air *and* dropped *the Flying Dragon Staff* on *him*. While ***the monster*** recited all sorts of spells, ***an eight – clawed golden dragon*** grabbed *him* with two of *its* claws and smashed *him* several times against a rockface. At this ***the monster*** reverted to *his* real form—a brown marten. （Jenner 译）

(3a) 猪行牛市，蔬菜果品，香菇木耳，懒蛇活猴，海参洋布，日用百货，饮食小摊……满圩满街人成河，嗡嗡嘤嘤，万头攒动。（古华，《芙蓉镇》，1981：3）

(3b) There were two markets for pigs and buffaloes, stalls of vegetables, fruit, mushrooms and edible fungus, snakes and monkeys, sea-slugs, foreign cloth, daily necessities and snacks. …The place swarmed with people, rang with a hubbub of voices. （戴乃迭译，1983：15 – 16）

以上三个汉语例句均为典型的流水句。若根据英语的句构分析框架加以剖析，则不难看出：三个流水句的句构形式较为松散，其中存在多个不同主语，或隐或现，交叉指认频繁。如（2a）围绕"擒拿妖怪"这一事件展开，涉及多个不同对象的转换，存在交错指认的情况。然而，即便对象指认如此复杂，整个流水句内部也无一显性关联词语连接，而且后续句段的主语全部隐而不显，均采用零回指形式，呈现离散、疏放的特点，但借助句子内在的语义统摄，依然可以明确其具体所指。

而从（2a）的英译（2b）可以发现，汉语原来的句构形式已发生很大变化，需要补出在汉语句构中没有出现的成分，而面对叙述对象的暗中更迭，英译文中各小句的主语——体现、指认明晰，同时借助显性关联词语，使得句式整体呈现严密的勾连特征。需要说明的是，我们在此不是着眼于纯粹的汉英对比，之所以以其英译进行比照，旨在通过两者的对照，可以凸显汉语流水句的独特性，反映汉语流水句的鲜明个性。

因此，可以看出，汉语流水句的句段类型颇为多样，可以由主谓齐全的小句和各式短语堆叠而成，其间很少使用显性关联词语，①依凭语义统摄，以义取形，言约旨盈。诚如上文所言，若对比以上三例的英语译文，便可发现，其相应的英语句构表征却是充分调用了各种关联词和显性回指形式，使得句中各小句前后相接，主次有序，形合特征十分明显。

我国著名的语言学家、语言教育家、现代语言学奠基人王力（1940：5）曾强调，我们研究语言，"难在就本族语里寻求其与世界诸族语相异之点。……别人家里没有的东西，我们家里不见得就没有。如果因为西洋没有竹夫人，就忽略了我们家里竹夫人的存在，那就不对了"。王文斌（2018：507）也指出，语言与语言之间具有相似性，这是人类语言的本质，而语言与语言之间具有差异性，这

---

① 需要说明的是，在此显性关联词语主要包括连词、关联副词，以及某些话语标记等。

也是人类语言的本质；我们不能因为语言与语言之间具有差异性而忽视其相似性，也不能因为语言与语言之间具有相似性而轻忽其差异性。他（王文斌，2019：145）进而强调，若想明了语言的个性，就需要把握语言的特殊性。因此，我们认为，汉语流水句迥异于英语的表征方式，极具汉语个性特征，很值得深度探究。

1.2　研究背景

以往学界（高更生，1988；胡明扬、劲松，1989；吴竞存、梁伯枢，1992；王维贤等，1994；袁毓林，2000；张斌，2002、2010/2015）曾从语音特征、句构特征、语义特征及其形成原因等不同角度，对汉语流水句展开了较为详细的考察，为流水句的理论探究作了许多基础性工作。然而，这些研究主要集中在国内，而且以概述和描写者居多，深入挖掘和系统研析者鲜少，流水句的真实全貌依然尚未完全得到揭示。因此，多年来流水句的研究一直处于停滞不前的状态（沈家煊，2012：403），究其原因，笔者认为大致可归结为以下两点：

其一，受制于流水句自身的复杂性，即流水句类型错综复杂，特征繁多，句段与句段之间的联系有时相对松散，有时却又较为紧密，其本质特征难以捕捉；

其二，以往学界多从印欧语视角审视流水句，对这类句式表征的研究难以从汉语的本色和事实出发进行考察，忽视了其所代表的汉语典型特征和根本属性。

近几年，学界重新燃起了对流水句研究的热情，在检视以往研究成果的同时，从新的视角入手展开深度探讨，逐步开启了流水句研究的新局面。在我国语言学家赵元任"零句说"的基础上，沈家煊（2012：403）指出，造成汉语中有特多流水句的原因，在于"零句占优势"，而对"零句说"理解不透彻是流水句研究不能深入的缘由，进而阐述了流水句具有"并置性"和"指称性"的特征。

盛丽春（2016）在其博士论文《现代汉语流水句研究》中较为全面地考察了流水句的句法、语义、语用三个方面的特点，从认知语言学、语篇语言学、语言类型学等多个视角，对流水句进行了探究，涵盖了流水句的诸多侧面。但是，这篇作为以现代汉语流水句为研究对象的第一篇专题博士论文，它虽然为流水句研究提供了新思路，但是在综合运用认知语言学、语篇语言学，以及语言类型学理论对流水句进行分析时难免一带而过，在深度和系统性上均缺乏应有的力度。

王文斌和赵朝永（2016、2017a、2017b）、崔靓和王文斌（2019）则从"汉语具有强空间性"，即汉语表征具有块状性和离散性特征这一视角出发，重新审视了汉语流水句，对其句类属性、句构表征和类别划分等进行了相对细致的阐发，在一定程度上推动了流水句研究的进一步发展，但对流水句内在组构方式却未曾引起足够的关注。

可以看出，自沈家煊进行流水句研究开始，流水句研究已取得了进一步地深入和拓展，对流水句的特性也有了更加全面的认识。然而，流水句外在结构松散，句段的句式类型多样，其间很少使用显性关联词语，那么句子内部究竟是以怎样的方式联结在一起的呢？对此学界鲜有细致而周密的审视。以往学者要么借用文学性的语言加以描写，如"流水句弹性很大，一句接着一句，恰似流水，可以无限制地扩展下去，呈'线性的流动、转折，追求流动的韵律、节奏，不滞于形'"（申小龙，1988：59）。刘宓庆（2006：260）曾说，很多流水句"恰如流水，长波短波相间，高浪低浪相随"，体现了汉语流散的特点。要么以意合的方式一笔带过，认为流水句的组句方式主要是依赖于意合，其语义联系相当松散，"或上挂下连，或藕断丝连"（吴竞存、梁伯枢，1992：316），"时常若断若续，可断

5

可连"（王维贤等，1994：299）。显然，这类表述不免笼统和抽象，流水句的内在组构方式依然未能得到明确的揭示。孔宪中（1997：52-56）和裴毅然（1997：217-218）则认为，流水句构句像数碟、数碗，只管平铺直叙地堆叠，可见，这种观点忽视了流水句内部组构的层次性特征。学界目前的研究之所以存在以上种种不足，究其原因，笔者认为可归结为以下三点：

其一，相比于流水句的特征描写、类型划分和成因分析等，流水句缺少一个普遍认可的定义，并且学界对流水句的内在组构方式重视不够。

其二，流水句的本质属性尚未得到充分的透视，其内部的层次性也尚未得到明确的揭示。

其三，方法论上，传统语法研究囿于句法层面的理论视角，关注流水句的句构特征，尤其是显性关联词的使用与否，却忽视了如功能、语用等非句法因素对流水句的影响；同时轻视了以篇章视角审视流水句的重要性。其实，流水句已超出单纯的小句范畴，具备自身的内在逻辑和特色。

鉴于以上研究事实和我们的近期思考，本书对流水句的研究主要关涉两个方面：一是对流水句本身的认识问题；二是流水句的内在组构方式问题。第一方面，关于对流水句本身的认识，我们提出并试图解答以下四个问题：

（1）流水句的判定受哪些要素的影响？

（2）这些要素背后反映了流水句怎样的本质属性？换言之，流水句的本质属性是什么？

（3）这些要素之间是否具有层级性？它们在流水句的判定中是否发挥同等的作用？

（4）如何界定流水句？

如上所言，以上四点关涉流水句本身的认识，也是进一步探究流水句内在组构的前提和基础。对此，我们拟于第三章和第四章对这一方面展开详细论述。其中，第三章聚焦于问题（1）和问题（2），基于以往学界对流水句的理论阐释与笔者对语料的观察，思辨性地提出了影响流水句判定的四个要素及其所反映的零散本质，在此基础上对流水句进行重新界定，即问题（4）。而第四章则专注于问题（3），通过量化统计与定性分析，探索流水句"四要素"之间的层级性，揭示四个要素在流水句判定中发挥的不同作用。

而第二个方面"流水句的内在组构方式问题"，也是我们关注的重点。鉴于以往学界立足句法层面对流水句的组构的分析效果并不显著，本书从功能、语用视角，以话题链的分析方法入手，对流水句进行内在组构探究。因为长期以来，话题链作为汉语篇章最为有效的核心组织方式之一，是汉语篇章各小句有效连接的主要手段，这已为学界普遍认可。此外，也有不少学者指出，汉语之所以能形成流水句，与话题链强大的语篇扩展功能分不开（Chu，1998；王静，2004、2006a、2006b；Li，2005）。而在多半情况下，话题链的研究对象就是流水句，只是有的话题链可以跨越句子界限，表现为跨句话题链形式，而本书的研究对象是流水句，以句号为界。

但是，将话题链应用于流水句内在组构分析之前，我们发现，话题链研究本身同样存留一些具有争议的问题亟待解决。鉴于此，本书关注的第二个方面：流水句的内在组构方式，主要回答以下四个问题：

(5) 话题链的基本问题，如话题链的界定及其话题表现形式等，这是话题链分析流水句组构的基础和前提。

(6) 话题链中的插入成分有哪些类型？不同类型的插入成分与话题链之间是什么关系？这涉及内嵌式话题链与流水句的组构分析。

(7) 话题链与话题链之间如何衔接？套接式话题链有几种类型？

7

这涉及套接式话题链与流水句的组构分析。

（8）综上所述，流水句的内在组构方式是什么？

基于以上问题，本书于第五章与第六章首先对话题链的基本议题进行梳理，奠定话题链分析流水句内在组构的基本思路，并分析结构层次简单的单一话题链组成的流水句，这是对问题（5）的思考。继而，第七章和第八章聚焦结构层次较为复杂的流水句类型，分别从内嵌式话题链和套接式话题链视角，对流水句的内在组构展开剖析，为问题（6）和问题（7）提供答案。而通过对第五章、第六章、第七章和第八章进行分析，我们最终对问题（8）作出解答。

沈家煊（2012：414）认为："语言大同而大不同，大同在语用上，大不同在句法结构上。语言共性何处觅？不在句法在语用。"因此，对流水句的探究不应仅拘泥于句法层面，而应该从功能、语用层面去找寻灵感。更何况"句法和篇章之间本来就未必有一条清晰的界线，而是一条逐渐展延的连续统"（屈承熹，2006：前言），而流水句作为连接句法和篇章的桥梁，应努力探究适合流水句独特性的组构方式。本书借用话题链这一分析方法就是从功能、语用层面探寻流水句内在组构方式的一个尝试。

1.3 研究意义

本书的研究意义主要体现在理论和应用两个层面。

在理论层面，一方面，提出流水句判定的"四要素"及其层级性特征，揭示"四要素"背后隐匿的零散本质，对汉语流水句的语言本体探讨具有重要价值。而重新定义流水句，框定流水句的范围，以区别于非流水句群体，为以后流水句的进一步深化提供可对话的共同平台。从话题链视角对流水句进行较为细致的考究，旨在为汉语流水句提供一种新的研究思路。而对流水句的组构方式进行深度考量，在推动并提升流水句理论研究的同时，力图揭示汉语流水句连词成句的一些规律。

另一方面，将话题链的分析方法应用于流水句的内在组构探究，就要对话题链中悬而未决的问题进行梳理与探讨，这在一定程度上也会促进话题链的相关理论走向深入。

在应用层面，对流水句进行学理上的深入挖掘和细化，这对于进一步窥视汉语的鲜明个性具有重要的学术意义，对以后进一步研究英汉对比、对外汉语教学、英汉互译、汉语标点符号规范等领域均能提供有益的启示。

1.4　研究思路

本书的讨论主要借用三个研究视角。在探究流水句判定的"四要素"及其零散本质时，我们借鉴赵元任的"零句说"观点（1979/2012）；从"话题链"视角（曹，1979、1990；李和汤普森，1981；屈，1998；李文丹，2005）对流水句的内在组构方式进行分析和勘探，而在对"内嵌式话题链"中的插入成分进行类别划分时，我们采用"定景机制"（grounding）（霍珀，1979b；霍珀和汤普森，1980：280；屈，1998；李文丹，2018）这一特定视角，对被以往学界所轻忽的话题链中的插入成分进行考究。在这三个视角中，"零句说"观点是我们分析流水句的切口，"话题链"视角是我们审视流水句的主视角，"定景机制"是讨论话题链插入成分时所借用的特定视角。因为仅从话题链角度探视话题链中的插入成分，难以揭示插入成分与主话题链的关系，所以只有选取另一视角，才能达到"跳出庐山看庐山真面目"的目的。

本书的语料选取分为三个部分。

第一部分即探讨流水句本身的认识问题，涵盖本书的第三章和第四章，笔者选取了以往学者研究流水句时所举过的流水句例句，进行量化统计与分析。之所以选取以往学者举过的例句，是因为笔者发现，在以往流水句研究举过的例句中，有相当一部分并不应该算入流水句行列，究其原因，仍在于流水句缺少一个统一的定义，使其判定难以在同一层面进行反复操作和验证。而在本书重新界定流水句及其判定标准之前，选用以往学者举过的例句进行统计分析，可以得到较为客观的观察结果，这是我们判定流水句是否是流水句的基础语料。

此外，本书第四章在对判定要素的层级性进行量化统计与分析时，除两个句段构成的短句外，选取由三个及以上句段构成的长句，且仅限定在一个句号以内，不包括跨句界的句群。经人工筛选，最终进入标注的流水句例句共计 390 句。之所以如此是因为两个句段构成的句子，即便没有显性关联词语，但因其句式较短，在句子语义的解读和分析上并不困难，因此，以往学界也不乏对由两个句段构成的无标志复句式的流水句的研究。因此，本书暂且撇开这类句子进行分析，主要聚焦于三个及以上句段构成的流水句，这类句子分析起来难度较大，也较为典型。关于这一点，我们会在第四章进行具体交代。

第二部分探讨流水句的内在组构方式，语料涵盖第六章、第七章和第八章。在这一部分，我们以当代小说家余华的长篇小说《活着》为研究对象。同样首先排除人物对话，以及两个句段构成的短流水句，选取了由三个及以上句段构成的长流水句，进行量化统计分析，力图摆脱以往研究中"先理论后例证"裁剪实例的缺陷，借此尽量避免以往流水句研究中先入为主的影响。

长篇小说《活着》是余华的代表作之一，讲述了在大时代背景下，随着社会变革，徐福贵这一主人公的人生和家庭不断经受苦难，最后，所有亲人都先后离他而去，仅剩下年老的他与一头老牛相依为命。①

作者余华，1960 年出生，1983 年开始写作。截至 2025 年，已经出版长篇小说 6 部，中篇小说集 7 部。主要作品有《兄弟》《活着》《许三观卖血记》《在细雨中呼喊》等。其作品已被翻译成 20 多种语言在国外出版。余华是中国当代非常具有影响力的作家。

本书之所以选择小说《活着》作为研究对象，主要有以下两点原因：

其一，作者余华在该书中运用了朴素的民间化语言，使整部作品呈现独特的民间化语言风格。这种民间叙事式的大白话风格充满了乡土气息，贴近农民生活，能够反映具有汉语本色特征的汉语表达习惯，因此，所选取的流水句语料也更为纯正与地道。

其二，小说《活着》具有较高的艺术价值和影响力。这部小说曾获意大利格林扎纳·卡佛文学奖最高奖项（1998 年），中国台湾《中国时报》十本好书奖（1994 年），中国香港"博益"15 本好书奖（1990 年），法兰西文学和艺术骑士勋章（2004 年），中华图书特殊贡献奖（2005 年），法国国际信使外国小说奖（2008 年），意大利格林扎纳·卡佛文学奖。2018 年 9 月，入选"中国改革开放四十周年最有影响力小说"。

第三部分的语料来源则较为零碎，穿插于第五章至第八章的话题链相关研究中。正如上文提及，我们在对话题链的基本概念进行梳理时发现，话题链研究同样存在一些悬而未决的争议，如上一节提到的问题（5），以及以往学界所轻忽的议题，如上一节提到的问题（6）和问题（7）。因此，我们在对这部分内容进行探究时，选取了以往话题链研究时所列举的例句，以便更好地说明问题。当然，有些例句超出了以句号为界的流水句的范畴，属于跨句话题链，但因为其内在的组构机理是一致的，同时也便于更好地观察话题链的

---

① 余华. 活着［M］. 武汉：长江文艺出版社，1993.

肌理，因此，我们选用了部分跨句话题链例句进行理论阐释，但在本书内部的数据统计中，则只选取以句号为界的流水句形式。对此，我们在后面的行文中也作了具体说明，这一部分语料我们也标注了出处。

还需指出的是，关于流水句构成单位的命名问题。以往学界对复句构成单位的称谓不一而足，有分句、小句、零句等多种称谓。我们的具体作法是，当谈论复句时，遵从惯例沿用"分句"这一术语，或者尊重以往学者的称谓习惯，按原文援引，但在涉及本书的流水句研究时，则使用"句段"（syntagm）这一术语，表示其本质上为组成流水句的一个个片段，更能凸显流水句的零散性句貌特征，但其所指是相同的。

1.5 章节安排

针对以上提出的流水句研究的两个方面，本书一共分为九个章节，具体内容如下。

第一章为绪论，主要介绍流水句的研究缘起、研究背景、研究意义、研究思路以及本书的章节安排，同时，对本书研究所选取的理论视角、研究方法及语料来源进行说明。

第二章回望并梳理以往学界对汉语流水句的句构特征、类型划分、语义特征以及成因分析等方面的研究指出，流水句目前缺少一个普遍接受的定义。并且，对流水句组构方式的探寻也较为薄弱，进而梳理传统语法、认知语言学和语篇语言学关于汉语"各小句如何联结成更大的单位"这一问题的考究，指出其中可能存在的不足，为本书对流水句的进一步探究作铺垫。

第三章至第八章为本书的主体，主要分为两个部分，分别探讨流水句的两个方面。第三章和第四章构成主体的第一部分，关于流水句本身的认识问题，为下一部分流水句的内在组构探究提供基础。第三章基于以往对流水句的理论阐释和语料观察，回答"流水句的判定受哪些要素的影响"以及"这些要素背后反映了流水句怎样的本质属性"两个基本问题，进而对流水句进行重新界定。第四章立足以往流水句研究中列举过的 390 句流水句，进行量化统计与定性分析，探究流水句判定要素间的层级性规律。

第五章至第八章构成本书主体的第二部分，即从话题链视角探讨流水句的内在组构方式。其中，为了更好地将话题链应用于流水句分析，本书第五章对话题链研究中存在的争议性问题进行了梳理和解答。并将第五章的理论思路应用于第六章、第七章和第八章的具体研判中。第六章聚焦结构较为简单明了的单一话题链，分析这类话题链在流水句内在组构中发挥的作用。第七章进一步探究插入其他成分的话题链类型，借助定景机制的分析思路，对话题链中的插入成分及其与话题链之间的关系进行探究，进而剖析内嵌式话题链组成的流水句类型。第八章则专注于话题链与话题链之间的联结方式，对套接式话题链组成的流水句作进一步的审视。

第九章从整体上总结本书的主要发现，并指出存在的不足，从而指明今后需要进一步努力的方向。

第二章

流水句研究回顾

2.1 引　言

　　就目前可追踪的文献来看，首次直接并明确提出"流水句"这一概念的当属我国语言学家、语文教育家吕叔湘（1979/2013：23）。自吕叔湘先生于1979年提出这一概念以来，流水句研究的重要性逐步为学界所认识，学界对此也不乏探讨，围绕流水句的韵律特征、句法结构、语义特征、类型划分、成因分析等方面（高更生，1988；胡明扬、劲松，1989；吴竞存、梁伯枢，1992；王维贤等，1994；袁毓林，2000；徐思益，2002；张斌，2002；沈家煊，2012；盛丽春，2016；王文斌、赵朝永，2016，2017a，2017b；崔靓、王文斌，2019；卢英顺，2023；翁义明、李芳艳，2023）进行探究，其中许多研究颇为详细，观察较为深入，在相当程度上揭示了汉语流水句的一些侧面。然而，流水句缺少一个统一的界定，并且对于流水句的内在组构方式探究，即流水句中各句段之间到底是借助何种方式得到联结，学界至今鲜有深入而系统的阐释。

第二章 流水句研究回顾

本章共分为两部分，第一部分首先梳理以往流水句研究涉及的各个层面，包括：2.2 流水句的界定和句构特征；2.3 流水句的类型划分；2.4 流水句的语义特征；2.5 流水句的成因。通过对以上四节的梳理，指出流水句研究缺少统一的定义，流水句研究中存在较多非流水句现象，并且流水句内在组构方式的探究也较为薄弱，甚至被轻忽。第二部分以此为切入点，聚焦于流水句的内在组构，本章 2.6 首先爬梳以往学界关于"各小句如何联结成更大的单位"这一问题的考究，发现以往小句联结的理论并不完全适用于流水句组构全貌的揭示。鉴于流水句自身的独特性，我们需要找寻适合流水句特点的组构方式。下文将对此展开详细论述。

2.2　流水句的界定和句构特征

继吕叔湘先生提出"流水句"这一概念后，胡明扬（1984）将流水句作为复句的一种，对其进行了较为细致的探讨。他基于《老乞大》[①] 一书中复句的分类统计，按照有无形式标志，将书中 643 个复句分为"有标志复句"和"无标志复句"两类，而后者（也称"意合复句"）可再细分为"排偶句"和"非排偶句"。其中，"非排偶句"即流水句，共占"无标志复句"的 95.68%，[②] 占全部复句的 75.89%，由此指出，流水句在复句中占比很大，其重要性不容忽视。流水句不仅能够反映汉语的典型特点，而且有别于西方语法体系的句法表征，因此，汉语复句研究中应有流水句的一席之地。

高更生（1988：3）在《长句分析》一书中对流水句进行了界定，他认为，流水句是指"口语中常用的一种句子，由较短的一些

[①] 《老乞大》代表了十四世纪的汉语口语。
[②] 胡明扬（1984）文中得出的数据，应为计算失误。

分句组成，分句间的联系较松散，很少用关联词语，结构不太复杂"。可见他倾向于将流水句视为长句进行分析。

基于此，胡明扬、劲松（1989：54）综合了现代汉语中流水句的语音、结构和语义这三个方面的特征，对流水句进行了较为全面的探索，这也是学界第一篇有关流水句的专题研究。该文将"流水句"定义为："一种在非句终句段也出现句终语调，语义联系比较松散，似断还连的无关联词语复句。"其句构特征主要表现为两个方面：一是至少包含两个或两个以上的独立句段；二是句段之间一般不靠关联词语来联结。

吴竞存、梁伯枢（1992：316）着重从句子结构层面对流水句进行了考察，认为流水句的句法特征如行云流水、自由自在，是一种"不用或极少用作为形式标记的关联词语的复句"。王维贤等人（1994：299）也十分看重关联词的使用，指出流水句是"由几个组织松散的小句组成，一般不用关联词语，句子结构松散"。他们甚至将"用不用关联词语、用不用成套的关联词语"看作构成流水句的必要条件。

张斌也认为，流水句是汉语中"很少使用关联词语"这一独特表达习惯的极端体现（2002：272－276），是汉语"重意合"最具典型的代表，并将流水句界定为："由几个小句，前后连接，不用关联词语，没有显性的语法标记，而构成一种结构联系比较松散而语气灵活多变的格式。"（2010/2015：1043－1044）

根据以上梳理可以看出，以往对流水句的界定主要关注其句子结构层面，尤其强调"不用或少用显性的关联词语"。然而，问题在于，有些结构较为复杂的流水句，可以包含1~2个关联词语，但这并不影响其成为流水句，如：

(1) 那天，我看见他在街上卖画，怪可怜的，请他喝了一杯咖啡，他马上**就**送了我一张画。

（王维贤等，1994：299）

(2) 他们的车破，跑得慢，**所以**得多走路，少要钱。

（吴竞存、梁伯枢，1992：329）

从例（1）和例（2）可见，完全以有无关联词语来衡量流水句的条件具备与否，这明显带有印欧语系眼光。而对于什么情况下能用关联词而不影响其为流水句，以及关联词的使用在多大程度上影响流水句的判定，这类问题的探讨，目前学界尚不多见。

近几年，一些学者开始从新的视角对流水句进行审视，为流水句研究带来了新的灵感。如沈家煊（2012：403）基于赵元任先生的"零句说"指出，只有重视"零句是根本"，才能克服多年来对流水句研究停滞不前的状况。王文斌、赵朝永（2016，2017a，2017b）和崔靓、王文斌（2019）则从"汉语具有空间性特质"的新视角，使学者对流水句的关注不再拘泥于"显性关联词的使用与否"，开启了流水句研究的新局面。但也可以看出，目前学界并没有对流水句的界定达成统一的认识，定义不定，研究难进，这势必会影响接下来对流水句的深入和细化研究。关于这一方面的具体内容，我们拟在第三章再作详细陈述。

2.3 流水句的类型划分

正如第一章所言，流水句的类型丰富、特征繁多，句段之间的联系有时相对松散，有时却较为紧密，其本质特征难以捕捉，具有一定的独特性和复杂性，因此，对流水句进行较为系统的分类相对困难。就目前有据可查的文献来看，以往学界对流水句的类型划分，主要有两种思路。一种思路是根据关联词语的显隐判别：是否使用显性关联词，或者能否补出关联词，这种思路主要是借鉴了传统复句的分类方式；另一种思路则是根据流水句中句段主语的显隐判别。

2.3.1 关联词语的显隐

以往学者(胡明扬、劲松,1989:54;吴竞存、梁伯枢,1992:316-351;王文斌、赵朝永,2017b 等)认为,流水句是复句的一个种类,即流水句属于复句范畴,具有复句的某些特征,因此,复句的分类标准对流水句的类型划分也有一定的启发。而传统的复句研究对关系词尤为看重,因此,对复句的分类也多半是"从关系出发,用标志控制"(邢福义,2001/2014:8),即根据关系词的使用来判别各分句间的逻辑语义关系,进而衍生出"二分"(黎锦熙,2007:225-255;胡裕树,2011:358;王力,2014:57)、"三分"(范晓,1998:332;邢福义,2001/2014:38)和"四分"(邵敬敏,2007;沈阳、郭锐,2014:294)等不同分类。

受以往分类标准的启发,胡明扬(1984)根据"关联词语的有无"将复句分为"有标志复句"和"无标志复句",继而又将"无标志复句"分为"排偶句"和"流水句",而"流水句"又可细化为主从流水句、连动流水句、承说流水句和意合流水句。不难看出,主从流水句、连动流水句、承说流水句虽然在结构分析上具有一定优势,但是这种分类依然不够系统,难以覆盖流水句的全貌。此外,主从流水句又与"有标志复句"中的"主从句"在分类上有些许重合,因此,类型划分并不彻底、清晰。随后,胡明扬和劲松(1989)又从另外的角度出发,依照"能否补出显性关系词"这一标准,将胡明扬(1984)文中的"意合流水句"拆分为"意合句"和"流水句"两种不同类别。

综观以上学界对流水句的界定与句构特征的介绍和评述,不难发现,前人对流水句的观照过于依赖显性关系词的使用与否。若完全以关系词推衍流水句的内在逻辑关系,对于结构简单、关系词明朗的复句尚可,面对较为复杂的流水句却难以走通。因此,这些分类法虽然能涵盖相当数量的复句类型，但是其关注对象主要在于由两个分句构成的简单复句，而且具有关系词标示，其逻辑语义较易把握。实际语料中的流水句却往往涉及多个句段，很少使用关系词，语义联系相当松散，故显然无法直接照搬传统的复句分类范式。

2.3.2 句段主语的显隐

对流水句进行类型划分的另一种思路是根据流水句句段主语的显隐与否。而这一标准的选取源自语言对比的视角。吕叔湘先生（1979/2013：76）指出：“在西方语言中，如果两个小句的主语不同，则一个也不能省略，汉语却不是如此，后一小句的主语往往借用前一小句的某一成分，甚至无所承接，也可省略。”继而从主语出发，结合关系词的使用，吕叔湘先生（2014/2015：138－143）将复句分为四类：（1）主语同，用关系词[①]；（2）主语同，不用关系词；（3）主语异，用关系词；（4）主语异，不用关系词。在此值得注意的是，虽然吕叔湘先生未曾对"无所承接也可省略"所隐匿的根本问题作出深度的解析，但他对汉语主语显隐与否的真知灼见，及其在分类中的具体应用，对揭示复句型流水句的关键特征具有启迪作用。

基于此，吴竞存、梁伯枢（1992：321－350）根据"流水句中句段主语的省略"对流水句进行了分类。根据流水句中句段主语的异同，将流水句大致分为三种类型："主语相同""主语不同"和"特殊结构形式"。其中，"主语相同"再依照谓语的类别，可再分为三类：（1）连动性；（2）内含体词作谓语；（3）特殊形式；而"主语不同"可依凭主语的省略，分为承前宾语、承前定语、蒙后定语、承前兼语和暗中更换主语等不同情况；而"特殊结构形式"则包括谓语动词由"是""像"等充当，以及带直接引语；"VO_1O_2"

[①] 在此所说的"关系词"，其实就是指"关联词"。

衍化；带有修饰成分等。

不可否认，吴竞存和梁伯枢对流水句分类作出了有益尝试，涵盖了多种类型的流水句现象，但在一定程度上仍限于关联词语的使用，加之其分类条目过细，导致分类结果并不十分清晰。吴竞存、梁伯枢（1992：347）也指出："对于较短的流水句似可讲得通，但遇到分句较多、较长、较复杂的流水句便穷于应付。"此外，他们对于"暗中更换主语"的观点，也并未给出详细的阐释。

有别于以往，王文斌和赵朝永（2017a）兼顾整体，锁定"主语指认"这一关键因素，依照流水句中句段主语是否一致而将流水句分为三种类型：单主语、多主语、复杂主语。这种分析虽然具有较强的系统性和概括性，但分类结果的内部却存在部分交叉，且尚未将"隐含主语"和"句子成分"贯彻到底，在揭示流水句本质特征上，依然难以周全。

继王文斌和赵朝永（2017a）之后，崔靓、王文斌（2019）从句段隐含主语的指认类型出发，将流水句划分为"同指流水句"和"异指流水句"两种基本结构类型。其中，"同指流水句"再据所指句段成分的具体类别，分为"主语同指流水句""宾语同指流水句"和"定语同指流水句"等；而"异指流水句"则参照所指成分类型的数目，可再细化为"二指流水句""三指流水句""×指流水句"等，如图2.1所示。

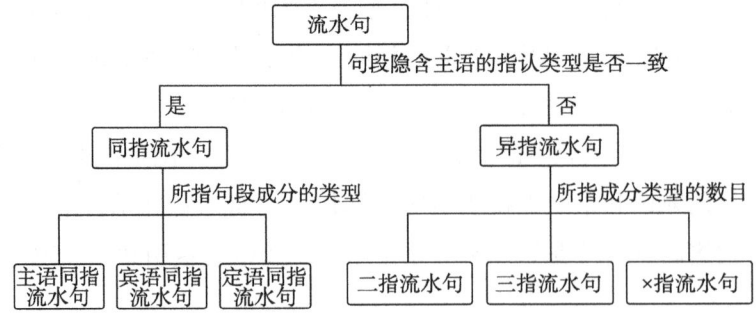

图2.1　流水句的两种基本结构类型

崔靓、王文斌（2019）对流水句句段的主语类别的分析，在前人研究的基础上又向前迈进了一步。

2.4 流水句的语义特征

关于对流水句的语义特征的分析，学界主要从两个方面展开，但是观点并不十分统一。一方面，是着眼于流水句的语义联系是紧密还是松散，其主要依据在于，是否使用显性关联词和能否补出显性关联词语；另一方面，则是聚焦于流水句句段之间的语义关系类型。

2.4.1 句段间的语义联系是否紧密

先来看学界对流水句语义特征分析的第一个方面。关于流水句句段间的语义联系，有的学者（韦忠生、胡奇勇，2005：83；盛丽春，2016：98）认为，尽管流水句极少使用显性关联词，结构较为松散，但构句却非常注重意义的连贯，语义联系十分紧密。但大多学者（高更生，1988；吴竞存、梁伯枢，1992；王维贤等，1994；袁毓林，2000；张斌，2002；沈家煊，2012）则认为，流水句依赖意合，语义联系较为松散。

吴竞存、梁伯枢（1992：316）指出，流水句"分句间采用意合的方法，很少使用关系词，关系相当松散，或上挂下连，或藕断丝连"。王维贤等（1994：299）则指出，流水句小句之间组合松散，时常若断若续，可断可连，在句法上是最能体现意合特点的句子。张斌（2002）关于流水句的组合分析，主要是采用隐性标记，全靠小句间的意义联系。

然而，虽然学界普遍认为，流水句是依赖意合方式构句，是

"汉语意合法构建复句的典范"（蒋侠，2010），但对流水句与意合句间的异同却并无清晰的判断。或将流水句视为意合句的一种（胡明扬，1984），或将流水句与意合句进行区分（胡明扬、劲松，1989；张斌，2002），或认为流水句是狭义的意合句（盛丽春，2016），或认为流水句是广义的意合句（邓凌云，2005），而这中间主要的考量方式即"句段之间能否补出显性的关联词语"。

胡明扬（1984）指出，流水句是意合句的一种，基本不用关联词语。虽然流水句有"主从流水句、连动流水句、承说流水句和意合流水句"四种不同类型，但"绝大多数的流水句都是意合流水句"，即意合流水句是流水句的典型代表。

胡明扬和劲松（1989）又根据"流水句句段能否补出关联词"，对流水句与意合句进行了区分。他们认为，流水句句段间的联系较松散，难以补出关联词语，而意合句联系则较为紧密，可以补出关联词，因此流水句不能完全等同于意合句。张斌（2002：273-276）等人也都支持这一观点。

盛丽春（2016：24-28）更是将"能否补上关联词语"作为流水句语义联系的唯一标准。她认为："意合句包括能补上关联词语的和不能补上关联词语的两种类型。能补上关联词语的意合句，只是形式上的'意合'，是'形式意合句'；而不能补上关联词语或没必要补上关联词语的，就是狭义的意合句，即流水句。"所以，流水句是"绝对"无标记的意合句，它只与能否补出关联词语有关，与是不是排偶句、是长句还是短句、是口语还是书面语等因素无关。然而，邓凌云（2005：116）与盛丽春的观点正好相反，他综合语体、句法成分、语序、关联词语、语义联系五个方面，提出流水句应属于"广义"的意合句。

根据以上分析不难看出，在有标志复句（形合句）、流水句、意合句之间，若根据语义的紧密程度来看，似乎存在以下等级序列：

形合句＞意合句＞流水句

越向右表示句段之间的语义联系越松散，流水句是最松散的。因为意合句虽然不使用显性关联词语，但是其内部语义联系依然较为紧密，存在潜在的连接词语，可以补出；而流水句句段之间的语义联系比较松散，往往无须补出关联词语，有些即使补上也显得勉强。例如：

（3）用不着您看家，（因为）待会儿有警察来照应着这条街去，换上新衣裳去。

（张斌，2002：276）

（4）（既然）你这两天不舒服，（就）不要去了。

（张斌，2002：276）

不难看出，学界以往将"能否补出显性关联词语"作为区分流水句与意合句的"金标准"，以此揭示句段之间的语义紧密程度，这一思考方式显然带有印欧语系视角的印记。笔者认为，意合句和流水句之间并不存在泾渭分明的界限，它们之间存在交叉的情况。两者虽然具备一些区别特征，但毕竟都属于无标志复句的行列，彼此虽时有交错，但难以截然分开。

此外，根据意义关系强行填补关联词的作法，对流水句并不适用。流水句中相当多的句段之间的逻辑语义关系比较模糊，时常多重交织，可作多种解读，若非要补出关联词，可补的往往不止一种。邢福义（2001/2014：21）也指出，有的复句很难"有标"，有的则介于"有标"与"无标"之间，其内在语义具有多可性，呈现复杂的类交叉现象。

2.4.2 句段间的语义关系类型

下文将着重论述流水句句段之间的语义关系类型。如上所言，学界普遍认为："流水句属于通常所说的复句范畴，因此，流水句各小句之间的关系也是复句内部结构的种种关系。"(徐思益,2002:11)笔者在本章 2.2 一节关于流水句的类型划分中曾提到,以往的复句分类多半是"从关系出发,用标志控制"(邢福义,2001/2014:8),即以关系词的使用来判别其各小句间的逻辑语义关系,有二分法、三分法和四分法等不同情况,具体可见表 2.1①。

表 2.1 以往的复句类型划分

二分法	三分法	四分法
黎锦熙(2002):**等立、主从** 高名凯(1986):**并列、主从** 王力(2011):**等立、主从** 胡裕树(2011);黄伯荣、李炜(2012):**联合、偏正**	范晓(1998):**联合、偏正、补充**("补充"又被细分为:注释、总分、记述和表相四种) 邢福义(2001):**因果、并列、转折**	邵敬敏(2007):**平等、轻重、推理、违理** 沈阳、郭锐(2014):**合取与析取并列、转折与让步、条件与假设、因果与目的**

因此,流水句句段之间的语义关系大致以复句内部的语义关系为基础展开研究。如吴竞存、梁伯枢(1992)对流水句作结构层次分析;王维贤等(1994:302-303)对流水句多层次的语义关系展开探究;徐思益(2002)则建立在传统的语义关系基础上,对流水句的语义表达进行讨论,指出流水句小句之间的各种关系,表现句子结构模式的层次性,其隐性关系就是逻辑语义结构。

需要指出的是,以往对复句内部逻辑语义关系的研究,多半是依据显性关联词语的使用与否作为其判断标准,并且主要的研究对象是由两个分句构成的简单复句,一般有关联词标示,其逻辑语义较易把握。但是,实际情况是流水句往往涉及更多的句段,其组构大多依赖意合,极少使用关联词,难以直接照搬复句的语义关系。

---

① 表 2.1 转引自:王文斌、赵朝永,2017a。

于是，盛丽春（2016：51-57）基于流水句"很少有标"的独特性，对"流水句的语义关系"作了专门的探究。她通过推断"流水句各小句间的事理关系"，将流水句的语义类型分为并列关系、顺承关系、解说关系和因果关系四种，并进一步指出，"在传统的复句分类中，按照小句间的意义关系，复句还有递进关系、选择关系、转折关系、假设关系、条件关系、目的关系等类型，但因为上述这些复句类型通常在小句间要有明显的形式标记"，因此，在流水句的语义分类中并不将这些"带有形式标记"的句子纳入研究之列。

然而，问题在于，流水句虽然不使用表示"递进、选择、转折、条件、假设、目的"等明显的形式标记，但是并不代表流水句中不存在这些逻辑关系。因为仅根据显性形式标记的出现与否就不顾"递进关系、选择关系、转折关系、假设关系、条件关系、目的关系"等语义类型，这显然有失妥当。不难看出，盛丽春过于关注显性关联词的使用，在流水句语义关系研究中并不完全适用。

此外，正如聂仁发（2009：93）所说："句间关系是复句和句群研究的主要内容之一。复句研究成果丰硕，句群研究基本上是参照复句进行的，句组的句间关系也大体类似。"但是，不论是复句的句间语义关系，还是句群的语义关系，或者流水句的语义关系，这种分类方式普遍存在的难题在于：确定句间关系的方式主要靠归纳。具体作法往往是先列举关系，再摆出部分句子作为例证，难免挂一漏万。归纳句间关系的重点和难点均在于标准的确立，而目前普遍的作法大多是经验性的，对语境的依赖性高，主观性和随意性较强，难以摆脱先入为主的影响。

2.5 流水句的成因

关于汉语流水句的成因，学界曾从不同方面对其展开了探究。

在裴毅然（1997：217-218）看来，汉语这一独具特色的表征方式是汉语整体上具有随意性和缺乏必要规范性的表现，因此，当谈及"汉语、英语与思维定式"时，他指出，汉语主语范围涵盖很宽，与动词的关系也很松散，因此，主语分布形式多样无常。加之，汉语谓语构成形式也无恒定性，继而得出结论，汉语语法极不严密，松散粗疏，并将汉语这种模糊性、松散性的实质，归于思维逻辑严密性的缺乏。同样持"汉语句子表达缺陷论"的还有孔宪中，他指出（1997：52-59），流水句中一个个句子平铺直叙，无起无伏，不分轻重，与英文中的 primer sentences 同类，是十分单纯的"数碗数碟"的表达方式，归根结底在于，汉语缺乏正面语法，是逼不得已的行为。

高万云（1997：279-283）不同意孔宪中所谓"流水句这种儿童语言模式是汉语缺乏正面语法的表现"的观点，并指出，流水格局的表达方式实则与汉民族的思维习惯有密切联系，为汉语语序与思维之流自然合拍的映显。但其中民族思维具体指什么，语言与思维又是怎样合拍的，他并未明确阐释。申小龙（1988：46）进而将流水句这一特殊表述方式，与其背后的心理现实性结合起来，从民族文化心理结构切入透视汉语句构，认为汉语句式呈现的流水样态，是汉民族认知心理和思维方式共同作用的结果。王维贤等人（1994：298）提出，流水句在结构上之所以如行云流水般自由自在，是"由现代汉语语用平面的语序的灵活性和口语化这两个因素决定的"。此外，连淑能（2002/2010：67）认为，汉语造句主要"采用流水记事法，因此，常用分句或流水句来逐层叙述思维的各个过程"。然而，笔者通过对一定数量语例的归纳、爬梳，发现古汉语中同样存在大量流水句形式，非现代汉语独有。易花萍（2008）认为"流水格局"是汉语语法篇章和语法修辞的产物，这种设置不仅有文化内容，而且有语义和思维内容，皆源自汉民族以人的主观感受来认同语言组织。

王洪君、李榕（2014：36）则立足对汉语语篇基本单位的充分分析，结合汉、英、韩三种语言的对比，将汉语流水句的成因归结为两个方面：其一，汉语语法上没有由主谓结构组成的"小句"这一级单位；其二，各类短语的直接成分没有语法类的限制，即名、动没有句法形态上的区分标记，并且也没有跟小句成分或短语成分的对应。这一观点与沈家煊（2012b）有相通之处，沈家煊也认为，汉语中特多流水句的原因在于"汉语中零句占优势，并且零句是根本"，并进一步提出，既然整句由零句构成，那么，整句中的主语和谓语的结构形式便可以多种多样，两种成分的可能形式也可以是没有限制的。翁义明和李芳艳（2023：82）从英汉对比的视角指出，流水句中各小句的谓语动词在句法上处于平等地位，主要是汉语动词无定式、不定式之分，这是汉语流水句形成的最主要原因。

王文斌（2019：4）及其团队则从英语、汉语的不同思维模式的角度，通过英语、汉语两种语言之间的诸种差异对比，提出英语、汉语之间存在的本质差异在于"英语具有强时间性特质，汉语具有强空间性特质"这一假说。所谓"英语具有强时间性思维特质"是指英语的语言表征现实以"勾连性"和"延续性"为主要特征，展现为线性结构，显示具有一维性的时间性思维特质。而所谓"汉语具有强空间性思维特质"是指，汉语的表征现实表现"块状性"和"离散性"的主要特征，表现为立体结构，展现具有三维性的空间思维特质。

继而指出，英语和汉语这种本质差异表现在句构层面则体现于汉语不受时制的束缚，在整体语义的统摄下，铺排大小表义单位，具有块状性和离散性特点，而时制对于英语句法则具有强制性，以谓语动词的形态变化为载体，复杂句以主句谓语动词时制为轴，形成前呼后拥的时制链。语篇层面展陈于汉语的思维方式和衔接机制均具块状性和离散性，而英语则借助显性关联词，从而呈现勾连性和延续性的特征。可以看出，王文斌将汉语流水句这种独特的表征方式,归结于受"汉语具有强空间性特质"的影响,笔者认为不无道理。

2.6 流水句的组构方式

2.6.1 从传统语法视角看流水句的组构方式

传统的流水句研究往往立足于句法层面的理论视角,偏重流水句的句构特征、类型划分和语义特征等方面的研究。然而,流水句外在结构松散背后隐匿的组构方式,却缺乏细致而系统的考究。

对此,学界目前的研究方法主要有以下两个方面:一是借用文学性的语言,对流水句的独特表征方式进行生动的描述,如申小龙(1988:59)提出,流水句"呈线性的流动、转折,追求流动的韵律、节奏,不滞于形";刘宓庆(2006:21)认为,流水句是"短语、小句、分句在语流中好似一块一块独立的板块,又似连非连、自由自在、任意漂流";易花萍(2008:50)认为:"汉语的一个个'基本粒子'往往是一个个含义丰富的具象,它们自由灵活、易于组合,这些粒子碰合就成了汉语的句读。"

二是采用"意合法"视角加以审视,如吴竞存、梁伯枢(1992)和张斌(2002)认为流水句句段的联结方式主要是采用意合,通过隐性的标记,全靠小句间的意义联系,是汉语"重意合"最典型的代表。"意合"这一概念由王力先生提出。他(王力,1957:144)指出,复合句里既有两个以上的句子形式,它们之间的联系有时候是以意会的,被称为"意合法",例如,"你死了,我做和尚"。刘宓庆(1992:18-19;116-118)也曾明确提出,汉语意合重于形合,"形合"是指借助语言形式手段,包括词汇手段和形态手段,实现词语或句子的连接,"意合"是指不借助语言形式手段,而借助词语或句子所含意义的逻辑联系来实现它们之间的连接。袁毓林（2000：22）也认为，流水句的组构方式就是"意义上相关的一连串小句（clause）自然地连接在一起，构成一个由句法地位平等的诸小句连缀而成的超句（hyper-sentence）"，而且不用关联词语显示其结构和意义关系。然而，在此需要探究的是，流水句的各句段究竟是如何自然地连在一起的？以何种方式或手段连在一起的？具体又是怎样实现的？这是值得我们深入探究的重要问题。

如前文所述，还有学者（吴竞存、梁伯枢，1992：350）提出："相当多的流水句受主语牵动，承前（蒙后）某个成分为主语是流水句所以能组织起来的一个重要手段。"盛丽春（2016：30–48）也从流水句的句法结构入手，分析了流水句小句之间的句法联结方式和手段，指出流水句各小句之间的句法联结类型十分丰富，组合方式也多种多样，省略是流水句联系各小句语义关系的重要语法手段。换言之，流水句中各小句之间的意义联结，可以通过主语的前后启承关系来实现。

因此，"找出句中∅位的指称成分，是确认小句衔接关系并识别流水句结构层次的根本"（徐思益，2002：12）。但这种联结方式的问题在于，"汉语里主语和谓语的关系本来就可以是松弛的"（沈家煊，2012：409），句段中有些主语根本补不出来，或者可补出的主语不是唯一，存在多种可能性。在这种情况下，完全依靠主语作为流水句各小句之间的衔接手段，似乎有些力不从心，并不完全适宜。

此外，徐思益（2002：10）也指出，汉语并非没有语法规则和规律，而只能依赖"意合法"，流水句的语义表达仍有其深层次的严谨的语法关系，它要受逻辑语义结构、语词组合序列以及语境三大原则的制约。循此思路，徐思益以分析流水句的逻辑语义结构为基础，根据句内动词谓语的选择限制，结合上下文语境，追寻句内∅位的指称成分。但是，该思路存在的问题主要有三个方面：

其一，徐思益以流水句的逻辑语义结构为抓手，正如我们在本书 2.4.2 流水句句段间的语义关系类型中提到，逻辑语义结构的主观性和随意性较大，对语境的依赖性高，很多判断都是基于经验，难以避免产生先入为主的印象。

其二，过于依赖动词谓语与论元（argument）的关系来分析流水句，适用度有限。因为汉语很多时候并不需要一个综合设定行为的动词，即没有行为动词谓语的情况也非常普遍。"惯用名词并进行块状拼接是汉语句法结构空间性特点的典型表征之一"（王文斌、赵朝永，2017a），也是流水句句构特征的典型体现。例如：

(5) 又遇着阳春天气，红杏夭桃，开花绽蕊，家家士女，处处王孙，俱去游春赏玩。

(吴承恩，《西游记》第 37 回)

(6) 我们村庄上种地种菜，每年每日，春夏秋冬，风里雨里，那有个坐着的空儿。

(曹雪芹、高鹗，《红楼梦》第 39 回)

由（5）（6）两例不难看出，若试图通过动词谓语与论元的关系对以上流水句进行分析，则较为受限，其语言表述并非完全按照英语语法框架搭建而成。因此，在对流水句组构进行分析时，不能完全依赖动词谓语与论元的关系分析模式。

其三，徐文中所选取的例证典型性尚显不足，难以较为全面地反映流水句句段类型的多种可能。

通过以上分析，我们可以发现，从传统语法视角对流水句的内在组构进行系统而深入的探究尚显不足。很多时候的作法往往是蜻蜓点水、一带而过，尚未真正解决实际问题。因此，关于流水句组构的深层方式和实现手段，及其有规可循、有形可依的语法标记，需要进一步开拓思路，在现代语言学理论的启发下，找寻适合汉语实际的解决办法。

2.6.2 从认知语言学视角看流水句的组构方式

随着认知语言学的发展,越来越多的学者尝试借鉴和运用认知语言学的重要理论分析汉语问题。虽然以往学者注意到流水句中一个小句接一个小句的铺排形式,但是对其语序排列所遵循的原则及其背后的认知机制谈论较少。因此,通过对流水句的小句语序进行分析,找寻潜藏于其表面语序下的认知原则和认知机制,是流水句组构方式研究需继续努力的方向。

盛丽春(2016:65-78)在对流水句进行认知分析时指出,流水句内部小句之间的排列,并不是简单的线条排列,而是遵循一定的描写方式和顺序原则。基于《物件部件描写的顺序》一文,廖秋忠(1992:133-162)进而对流水句小句之间的语序认知原则进行了探究。

廖秋忠是我国最早着手汉语话语分析的学者之一,他(1992:133-163)将物件部件的"描写方式"分为静止描写和移动描写两大类,具体包括组合描写式、定位描写式、位置移动描写式和视线移动描写式四种。继而又将"描写顺序原则"总结为八种:同一方向的原则、面向的原则、方位对称的原则、相同或相关属性的原则、结构单元的原则、时间先后的原则、重要性的原则和显著性的原则。

在盛丽春(2016:65-78)的探究中,除"结构单元的原则"外,基本将廖秋忠的描写原则悉数用于流水句小句的语序分析。不过,廖秋忠(1992:134)探讨的物体是"一个或一群具体的东西或地方",部件是物体的组成部分,因此,廖秋忠文中涵盖的对象主要是静态物体。而在流水句中包括相当数量的动态事件,因此,盛丽春对"时间先后的原则"进行了改造并指出,这种方式主要体现在"动作发生的先后""事件发生的先后"和"约定俗成的先后"三个方面。并以此为基础,将"时间先后的原则"从廖秋忠的静态物件描写扩展到动态事件的描写中。此外，盛丽春还基于流水句的实际，对"其他原则"进行了补充，包括结构对应的原则，肯定、否定的正、反对立，音节的多少。

不难看出，以上对流水句描写方式和顺序原则的描述，涉及的类别较多，不免有些复杂与泛化。盛丽春（2016：92-93）也指出："由于这些认知原则是在不同视角下，对同一事物或同一事物的不同组成部分的认知结果，因此，有些原则是相容的，按照不同原则可以得到相同的语序排列结果；有些原则又是不相容的，按照不同的原则会得到不同的排序。"由此可见，这些原则虽然具有一定的主观性，但是盛丽春并未规定能够统摄彼此语义关系的基础性原则。此外，各项原则之间缺少优先级排列，导致出现不相容的情况时难以处理。

下面来看流水句语序排列背后的认知机制。蒋侠（2010：95-96）曾指出，汉语流水句"表现出顺序象似性、话题象似性等特点，是中国人的体验认知，以及文化、思维习惯在句法上的一种映射"。具体来看，流水句由许多小句组成，可将每一小句视为一个具体事件，由一定的概念框架支撑，"在这个框架中，各框架元素的分布、功能凸显都是按语言图式构建的规则组合排列的，框架中的信息表达受概念图式构建的规则的制约"。因此，仔细剖析每个小句，对其进行概念整合，判断框架成分之间的相互关系，识别语义结构层次，从而可以构建流水句中的原型概念图式和语言图式。与此相似的还有卢英顺，他（2023）运用认知图景理论中认知要素的激活，探究语篇中小句间话题的衔接，以及小句说明部分语义的连贯，其中涉及流水句内部句段的联结。但借助认知图景理论解读流水句内在组构与连贯，在解读上存在多种可能，具有一定的主观性。另外，翁义明和肖清敏（2024）也基于语言顺序象似性的基本原则，指出汉语句子中的定语、状语等修饰语在顺序象似性原则下，可自由不加标记地转换成并列小句，从修饰语位置提升为与主句并列的述谓结构，认为这是汉语流水句形成的主要内在机制与形式手段。

盛丽春（2016：79-92）综合运用理想化认知模型、象似性理论、图形—背景理论等，对流水句小句的语义连贯机制进行揭示。如运用理想化认知模型加以解释，从命题模式上看，可以将流水句视为由若干认知模型组成。各小句外在形式上虽然无显性的关联词联结，但是可以在概念的触动下，使不同概念建立一定的联系，从而使读者引发与这些概念有关的理想化认知模型。把不同的命题储存在流水句中，有益于读者更好地理解流水句各小句之间的语义关系。

通过以上分析可以发现，用认知语言学理论解释流水句小句语序排列及其语义连贯机制，能在一定程度上给予部分流水句组构一定合理的解释，但同时也具备一定的局限性。盛丽春（2016：93）本人也指出，她研究中所作的阐释只适合一部分流水句，还有一些流水句类型的小句排列的认知机制仍需更深入地探讨。

早在2012年，何婷（2012）也从认知语言学角度对汉语流水句的连贯机制作了进一步的研究，虽然有一些独到的观点，但是也存在解释力有限、研究不够深入的问题。

2.6.3 从语篇语言学视角看流水句的组构方式

正如第一章绪论所言，语篇语言学以语篇为研究对象，注重小句与小句之间、句子与句子之间的相互关系，有别于传统的单句研究。流水句是大于两个小句的超句结构，自然属于语篇语言学的研究范畴，而对于流水句内部小句组合过程的探究，更是语篇语言学的擅长之处，因此，从语篇语言学的视角对流水句的内部组构进行研究十分适宜。

沈家煊（2012b）有别于传统流水句研究中专注句法层面的作法，从"零句说"出发提出，流水句具有"并置性"和"指称性"，具体指汉语流水句由一个个"似断似连"的句段组成，小句之间的语义联系不必靠句法关联手段，只需把语用上具有指称性的零句并置，即可成句。语义上的联系依靠的是语用推理，而不是递归语法。然而，他并未具体论述该如何"将具有指称性的零句并置"形成流水句。

笔者通过梳理以往的文献资料，发现语篇语言学视角下的流水句组构探究，主要是从三个方面进行：韩礼德和哈桑的"语篇衔接理论"，功能语言学视角下的"主位推进模式"，以及"话题链"研究。对此，我们将在下文分别展开论述。

2.6.3.1　Halliday 和 Hasan 的语篇衔接理论

在汉语的语篇研究中，对语篇分析产生很大影响的，当属系统功能语言学理论的创始人、英国语言学家 Halliday。1976 年，Halliday 和 Hasan 合作出版了《英语的衔接》（*Cohesion in English*）一书，标志着衔接（cohesion）理论走向成熟。所谓衔接是指对篇章中元素 A 的解读（interpretation）依赖于对元素 B 的解读，A 预设 B，除非借助 B，否则 A 无法有效解码；当这一情况发生时，一个衔接关系也就建立起来了（Halliday and Hasan, 1976: 4）。一般来说，语篇衔接手段分为两部分：一部分通过"语法衔接"，包括照应（reference）、替代（substitution）、省略（ellipsis）和连接（conjunction）四种；而另一部分通过"词汇衔接"（lexical cohesion），包括词汇重述（reiteration）、同义（synonymy）、下义（hyponymy）和搭配（collocation）（Halliday and Hasan, 1976: 5）。

受此启发，盛丽春（2016: 98）提出，虽然流水句在表面上形式较为松散，没有显性的关联词语连接，但是实际上各小句之间的语义联系十分紧密，而这种联系正是通过各种各样的衔接手段体现出来的。继而，借鉴 Halliday 和 Hasan（1976）的语篇衔接理论，将流水句小句的衔接手段分为词语的重复、词语的替代、词语的省略、词语的相似性和词语类义关系五种，并对此进行了较为细致的阐发。

的确，盛丽春的分析能解释相当一部分流水句小句的衔接问题，但同时也存在以下两个问题值得进一步思考。

第一个问题是盛丽春文中所选取的很多例句，其实不属于流水句。比如，第一种手段"词语的重复"是指"意义上相同的词语在首发句首次出现，在后续小句中重复出现，形成前后小句之间意义上的关联、句法结构上的前后呼应"（2016：98），如：

（7）我后悔，我自慰，我要哭，我喜欢，我不知道怎样才好。

（老舍，《月牙集》）

笔者认为，这种结构整齐的排比句并不属于流水句范畴。再者，第五种手段"词语类义关系"涉及范围太广，包括"种属意义""类属意义""时间系列意义""空间系列意义""颜色词语的类聚"和"亲属词语的类聚"等多种关系。其中，蕴含时间词语、空间方位词语、颜色词语的句子，往往逻辑性较强，通常有固定的程式，不应算作流水句来分析。具体原因我们拟在第三章和第四章展开论述。

第二个问题是盛丽春用"语篇衔接理论"分析的很多流水句例句，在句构特征上往往显现一定的特殊性，因此，对于其他普通的流水句类型，其内部小句之间如何联结，却难以得到充分的揭示。因此，可以看出，研究中所选用的语料不同，会直接影响研究结论、造成差异。由此可见，盛丽春在将诸种衔接手段应用于流水句研究时，应对流水句的范围进行框定，收集更多类型的语料进行分析。这也是缘何我们首先在第三章、第四章对流水句的判定要素和识别进行探究的原因。

2.6.3.2 主位推进模式

"主位"（theme）和"述位"（rheme）的概念最早由"布拉格学派"创始人马泰修斯（Mathesius，1975）提出。他从功能角度研究信息在句子中的分布，用信息论的观点，修改以往语法研究中"主语"和"谓语"的提法，提出了"主位"和"述位"一组概念。

其中,"主位"一般指的是已知事实或公认的事实,意为已知(given)信息,不增加句子的信息量。句子的其余部分叫"述位",包含要传达给听话人的全部信息。而主位结构即主位与述位的结合,因为绝大多数语篇都是由两个或两个以上的句子构成的,因此,前后句子的主位和主位、述位和述位、主位和述位之间会发生某种联系和变化,这种联系和变化就叫主位推进(progression)(胡曙中,2012:100)。

语篇中的主位推进曾受到"布拉格语言学派"(达内升,Danes,1974)和"系统功能语言学派"(弗里斯和弗朗西斯,1992;马丁,1992)的重视,他们主张功能句子观(functional sentence perspective),认为应由说话人根据自己的说话内容和上下文决定句子中的信息分布,强调句子成分的信息功能。继而,不少学者就主位结构在语篇层次上的作用和功能,提出了不同的主位推进模式。其中,范·戴克(Van Dijk,1977)认为,有两种推进模式:一种推进模式是链式结构,另一种推进模式是平行结构。之后,学界在此基础上,进行了不同程度的扩展和演化,从而得到的推进模式有4~7种不等。如徐盛桓(1989)在分析英语主位、述位结构时,提出了四种发展类型:平行性的发展,延续性的发展,集中性的发展和交叉性的发展。朱永生、严世清(2001)也提出了四种类型:主位同一型、述位同一型、延续型和交叉型。丹斯(Danes,1978)指出,连贯话语中主位、述位结构有五种类型:简单线性主位发展型、连续性主位发展型、派生主位发展型、分裂述位发展型和跳跃主位发展型。黄国文(1988)分析英语主位推进有六种模式:平行式、延续式、集中式、交叉式、并列式与派生式,并指出这些模式在汉语中同样存在。张今和张克定(1998)也归纳、总结了六种模式:对比推进、平行推进、链式推进、辐射推进、辐辏推进和交叉推进。而黄衍(1985)归纳了七种模式:平行型、延续型、集中型、交叉型、并列型、派生型和跳跃型。

受以上启发，盛丽春（2016：122－130）将邵敬敏（2016）的主位推进模式应用于流水句研究，试图基于流水句自身的特殊性，归纳内部蕴含的主位推进模式，从而揭示流水句的组构方式。邵敬敏（2016）指出，可以从两个角度分析话题推进的类型：一是观察话题的来源，即话题是从上文的述题延伸下来，还是从下文的述题延伸下来；二是考察延伸的方式，即是直接转移下来成为下句的话题，还是经过变化成为下句的话题。

基于此，盛丽春（2016：122－130）从"观察话题来源"和"考察延伸方式"两个角度，将流水句小句之间的话题推进类型分成三种类型：话题延伸式推进，述题延伸式推进和综合延伸式推进，以进一步探究流水句内部的小句排列问题。下面我们分别来看这两种方式。

第一种是话题延伸式推进。

"话题延伸式推进"是指，各后续小句的话题都是从首发句的话题延伸下来的，再根据后续小句话题延伸的方式，可进一步分为"平行式推进"和"派生式推进"两种类型。

在"平行式推进"这一类型中，后续小句的话题都是从首发句的话题直接延伸下来，再分别引出不同的述题，从不同角度对同一话题进行描述，从而不断增加新信息。这种话题的结构模式还可再细分为五类。其中，前两种类别是基于话题的表现形式，即用具有同指关系的名词形式、代词形式，或是零形式来指代上句的话题。而后三种类型则呈现不同的特点。例如，第三种的话题推进模式与前两种一样，形式上都属于话题的平行推进。但不同点在于，这种类型的流水句小句，其话题所指的内容都不相同，各自话题引出的述题内容也不相同。例如：

（8）云还没铺满了天，地上已经很黑，极亮极热的晴午忽然变成了黑夜。

而第四种是所指话题内容不同,但述题相同,例如:

(9) 小李是湖南人,小王是湖南人,小张也是湖南人。

但问题在于,既然以上五个细类的流水句,均列属在"话题延伸式"大类之下,则应该遵守"话题延伸式"的大前提,即流水句中各后续小句的话题都是从首发句的话题延伸下来的。但刚才提及第三种小类和第四种小类,其内部各小句的话题并不相同。这无疑有悖"话题延伸式"这一大类的基础性特征,因此,即便总体上的推进方式仍然是平行式,但也不能算作"话题延伸式"的子类。这是邵敬敏(2016)探讨的"平行推进模式"中没有提及的内容,盛丽春基于流水句的特点对其进行了扩展和延伸,但结果不是十分理想。

而第二类"派生式推进",与"平行式推进"类似,其后续小句的话题是从首发句的话题延伸下来的,但不同点在于推进的方式上不是平行推进,而是从某一小句的话题中派生不同的子话题,分属不同层次:原话题属上位,后续句话题属下位,它们之间不能构成平行关系。如总话题—子话题,整体与部分的关系,都属于话题的派生式推进。例如:

(10) 黄花麦果通称鼠曲草,系菊科植物,叶小微圆互生,表面有白毛,花黄色,簇生梢头。

(孙坤,2015)

第二种是述题延伸式推进。

"述题延伸式推进"是指在流水句中,前一小句的述题或述题中的某一部分成为后续小句的话题。具体包括两个形式:线性推进和分叉推进。

"线性推进"是指前一小句的述题作为一个整体成为下一小句的话题,或前一小句述题的一部分延伸为后一小句的话题来进行话题推进。这种首尾相接的述题式线性话题推进方式,在结构上类似修辞学中的"顶真"。例如：

(11) 反正说的都离不开修沟，修沟反正是好事，好事反正得拍巴掌，拍巴掌反正就不会有错儿，是不是？

（老舍，《龙须沟》）

而"分叉推进"是指首发句的述题充当了后续小句的子话题，子话题在层次关系上是低一层次的平等推进，并且子话题之间是一种平行关系。例如：

(12) 调查有两种方法：一种是走马观花，一种是下马观花。

以上两种情况属于盛丽春分析的"述题延伸式推进"类型。但笔者认为，第二种"分叉推进"类型的句子，句式结构较为整齐，与流水句零零散散的句式特征有所差异，不应将其归为流水句行列。对此，我们拟于第三章和第四章展开分析。

第三种是综合延伸式推进。

"综合延伸式推进"分为两种情况。一种是首发句中的话题部分和述题部分作为一个整体，结合作为后句新话题而延伸推进。因为不可能把整个前句一起转移到后句作为话题，所以需要借助一个总括性词语来接纳前句，如"这"。第二种情况是，在整个话语结构中，话题式延伸和述题式延伸同时使用，交错出现，交叉进行。例如：

(13) ①他骨碌坐起来，②揉揉眼睛，③才看见是一个挑水的，④穿着破棉袄，⑤腰里束着褡，⑥高高的个儿，⑦满脸胡子，⑧像父亲那么大的年纪，⑨非常慈祥和善。

（魏巍，《东方》）

根据盛丽春（2016：130）的分析，前三个小句属于话题延伸式下的平行推进，④的话题由③中述题的一部分，即"一个挑水的"延伸开来，属于述题延伸式。④⑤⑥⑦承接③述题分叉推进，⑧⑨

则是承接③述题延伸的平行推进。然而，可以看出，用"综合延伸式推进"来分析例（13）这种较为复杂的流水句，似乎使问题更加复杂。其实，④⑤⑥⑦⑧⑨均是对句段③中"一个挑水的"从不同角度的进一步描述。若从话题链的视角看，例（13）为套接式话题链，①②③组成旧话题链，以"他"为话题，④⑤⑥⑦⑧⑨构成以"一个挑水的"为话题的新话题链，其中，③为兼环。对此，我们拟于第八章展开分析。

此外，李晋霞（2021：146）也从"话题—述题"的推进方式，对流水句内部小句的联结进行分析。她指出，小句间不宜出现完结性停顿的"话题—述题"推进，至少有三种方式：同话题延伸，后小句话题为零形式，且若干小句在同一层次上；述题宾语延伸，且后小句话题为零形式；其他话题延伸，且若干"话题述题"之间存在明显的语义勾连。李晋霞的研究在一定程度上完善了这一理论模式对流水句组构的分析，但其选取的流水句例句有的仅由两个句段构成，按照本书的标准，不符合流水句三个及以上句段构成的基本要求。

概言之，通过上文分析我们发现，用主位推进模式分析流水句的内部组构问题，容易出现以下三个问题：

其一，主位推进模式的数目参差不齐，类别也有差异，且大多是基于英语表达归纳而得，不一定适应汉语的表达习惯；

其二，主位推进模式中的有些小类，难免存在重叠交叉的现象；

其三，选取语料上存在问题。有的句子结构过于规整，或结构过于特殊，或仅由两个句段构成，都不应算作流水句范畴。究其原因仍在于流水句缺乏统一的界定，其识别也缺少可操作的标准。鉴于此，我们拟于第四章展开具体论述。

2.6.3.3 话题链研究

"话题链"（topic chain）这一概念最早由 Dixon（1972：71）提出，随后由曹逢甫（1979：37-38）最先应用于汉语研究，提出了汉语话题链的概念，并将其定义为："由一个或多个语句组成，且以一个出现在句首的共同话题贯穿其间的语段。"后来，Li 和 Thompson（1981：659），Li（2005：54－55）、屈承熹（2006：252）、孙坤（2014、2015）等人都对汉语流水句作了进一步地深入研究并指出，话题链是汉语篇章中普遍存在的语言现象，是汉语篇章有效的核心组织方式之一，是将汉语篇章中各类小句有效连接起来的主要手段（屈承熹，2018）。

基于此，盛丽春（2016：118－122）指出，流水句由多个小句构成，一般来说，每个小句都包含话题（topic）和述题（comment）两个部分。因此，基于流水句的语言事实，根据流水句中首发小句及后续小句采取的话题形式，即名词性成分、代词及零形式，将流水句中的话题链类型归纳为五种。

其中，前三种主要关注话题链中话题的表现形式，即零回指和其他形式回指的分布问题。具体来看，第一种，首发小句的话题由名词或名词性短语充当，后续小句的话题均采用零形式；第二种，首发小句话题由代词充当，后续小句的话题来自首发句的话题，不过有时也可以重复使用首发句的代词；第三种首发句的话题以零形式出现，后续小句中出现代词或名词形式。第四种则比较特殊，后续小句的话题与首发句的话题都以显性形式出现，且均以相同的名词性成分或代词形式出现。例如：

（14）她温柔，她聪明，她能干，她真是一个好太太。

但本书认为这种类型的话题链不属于流水句范畴。而第五种杂糅式话题链，是指各小句的话题形式可以由名词、代词、零形式交替充当。

经分析，我们认为盛丽春（2016）对流水句中的话题链分析主要存在以下三个问题：

其一，盛丽春选取的流水句例句在形式上较为单一，结构也比较简单。而流水句组构研究的难点所在，或独特之处，正是在于其本身的复杂性，如话题链中含有多种类型的插入成分等。但这种类型的流水句，盛丽春并未涉及，包括其他以话题链视角研究流水句的学者（邓凌云，2005），也存在同样的问题。流水句例句选取的典型性欠佳，则难以充分揭示流水句的全貌。

其二，忽略了流水句中频繁出现的"主语跨句段指认"的情况。盛丽春（2016：118）指出："作为流水句的话题链，通常是由首发小句的话题延续到下面的小句中，是多个小句间的话题延续现象，具体表现为后续小句的话题来自上一小句的话题。"但在我们的观察中发现，有的小句的话题并不是直接来自上一小句，有时中间隔好几个句段指向之前或之后的小句。例如：

(15) ①$_i$拉到了地点，②**祥子**$_i$的**衣裤**$_j$都拧得出汗$_k$来，③∅$_k$哗哗的，④∅$_j$像刚从水盆里捞出来的。

（老舍，《骆驼祥子》）

该句①的主语来自后续句段的定语成分"祥子"，该定语依附于句段②的主语"衣裤"，句段③的主语则承接前句的宾语"汗"而隐去，句段④的主语受②中"衣裤"的指认。

其三，过于关注话题链中话题的表现形式，对话题链内部小句之间的联结方式关注不够。但关于这一点，笔者认为，之所以出现这一问题，在一定程度上也是受话题链研究本身局限性的影响。

具体来看，以往话题链的研究（曹逢甫，1979、1990；Shi，1992；Chu，1998；许余龙，2004；Li，2005）多半集中在话题链的界定、单位范畴和话题链功能等方面，尤其关注话题链中话题的表现形式，即话题用显性名词形式、代词形式和零形式表示，及其出现因素，"几乎将话题表现作为话题链研究的全部"（孙坤，2015：74）。然而，问题在于，零回指形式虽然确实是话题链的重要特征，也引起了国内外话题链研究的普遍关注，并从众多角度对零回指作了深度研究（李樱，1985；陈平，1986；许余龙，1995）。但零回指形式仅能作为一种词汇语义型关系，是一种表象，光靠零形式本身是无法将汉语松散的结构联结到一起的（孙坤，2015：72-73），其中真正起作用的是话题链的结构性功能，即链中各个语句是怎样联系形成一个有机体的，话题链内部、话题链与话题链之间、话题链与其他插入成分是如何联结的，这才是我们需要关注的重点。只有解决了这些问题，流水句的组构方式才能得到更好的揭示。

此外，翁义明和程兴雅（2023：62）也指出，流水句在宏观层面通过话题链实现语篇连贯。汉语流水复句的话题链大体概括为两种主要模式：单话题语篇连贯模式和多话题语篇连贯模式。其中，前者又分为话题连续模式和内嵌话题链模式，后者又分为轮换话题模式和链状话题模式，并对各类模式的流水句进行了分析。翁义明在文中选取的流水句较为典型，所述连贯模式也具备较强的解释力。然而，问题在于，在多话题链模式中，轮换式话题链在流水复句中以交互的模式呈现，形成 a-b-a-b-a……多话题链。例如：

(16) 宋凡平拿起酒盅，举在昏暗的灯光下等待着李兰，李兰也将酒盅举了起来，宋凡平将手里的酒盅和她碰了一下，李兰羞涩地笑了。

（余华，《兄弟》）

根据翁义明在文中的分析，例（16）中的五个小句是由"宋凡平"和"李兰"两个话题构成的话题链，两个话题在句中交互轮换出现，这种交互式的双重话题链使整个流水句形成一个意义完整、形式整齐的连贯语篇。然而，若回归话题链的定义，我们知道话题链的核心特征在于共享同一话题。因此，若像翁义明在文中所述，话题以轮换式交互出现，则很难说两个交互的话题构成同一话题链，这与话题链本身的定义相悖，这一问题值得我们进一步思考。

概言之，综合以上分析，不难看出，用语篇语言学理论来剖析流水句的内在组构，较之单纯的句法分析，确有进步之处。但同时也不难发现，以往学界将语篇理论应用于流水句组构方式探究，也存在一定问题，应尽量挖深、挖透，力求全面周到，避免蜻蜓点水，仅用个别例句阐释问题。笔者认为，基于大量语言事实的、量化与质性相结合的研究方式，或许能够更好地揭示问题的本源。

2.7　小　结

经过以上文献梳理，我们发现，以往的流水句研究主要存在以下三个问题：

其一，对流水句本身的认知不够清晰。部分学者在识别流水句时仍有误判发生，把部分非流水句当作流水句分析。其根本原因在于流水句缺乏统一的界定，使流水句的判定难以在同一层面进行反复操作和验证，流水句的本质属性尚未得到充分揭示。对此我们拟于本书的第三章、第四章展开详细探讨。

其二，对流水句的内在组构方式研究得不够透彻。以往的研究主要停留于句法层面，缺少语篇的眼光审视问题。虽然部分学者将语篇语言学的相关理论应用于流水句组构分析，但也存在不同程度的问题。如主位推进模式数目不一或类型重合，或话题链研究本身的局限性限制了流水句的组构分析等。本书拟选取话题链视角对流水句的内在联结展开分析，在此之前，先将话题链的相关研究进行细化和提升，以便更好地用于流水句探究，对此我们拟于第五章展开具体论述。

其三，以往对流水句组构方式的研究，大多是经验性的，将不同的理论应用于几个零散例句的分析，难以涵盖尽可能多的流水句样本，在深度和系统性上也有待提升。对此，笔者拟深度剖析话题链的结构性功能,以余华的长篇小说《活着》全书为语料,通过量化分析系统,探究不同类型的话题链在流水句内在组构中发挥的不同作用,从而揭示流水句内在的组构方式。对此,笔者拟于第六章、第七章和第八章分别进行。

第三章

流水句的判定要素及零散属性

3.1 引　言

　　正如第二章所述,以往学界虽然对流水句进行了不同层面的探索,涵盖特征描写、类型划分、成因分析和组构方式等多个侧面,但是对何谓"流水句"这一问题,可谓众说纷纭,至今尚无定论。这归根结底在于对流水句的本质属性认识不清,流水句本身缺乏统一的界定。对某个研究对象下定义,其目的是准确把握并凸显该对象的内涵,用简洁和精准的语言对研究对象的特征、属性和本质作扼要的陈述。简言之,对研究对象进行界定,是揭示其特征与本质的一种有效方法。但凡科学研究,给出研究对象的定义,均具有不可置疑的必要性,如果研究对象难以框定,研究就会始终处于飘忽和游移之中。

　　第二章2.1提及,以往对流水句的概念界定和特征描写主要聚焦于其松散的外在结构,语法上表现为句段与句段之间不用(胡明扬、劲松,1989;王文斌、赵朝永,2016、2017a、2017b;等等)

或少用（吴竞存、梁伯枢，1992；王维贤等，1994；徐思益，2002；等等）显性关联词语，即使不用关联词也难以补出，是汉语"重意合"最具代表性的语言表征（张斌，2010/2015：1043-1044），也是汉语"极少使用关联词语"这一独特表达方式的极端体现（张斌，2002）。尽管如此，我们发现，在实际语料中使用显性关联词语的流水句并不少见，例如：

(1) **但**我无意中碰到了身边一个什么东西，伸手一摸，是他给我开的饭，两个干硬的馒头。

（吴竞存、梁伯枢，1992：328）

(2) 鸿渐的心不是雨衣的材料做的，给她的眼泪浸透了，忙坐在她头边，拉开她的手，替她拭泪，带哄带劝，她哭得累了，**才**收泪让他把这件事说明白。

（钱锺书，《围城》，1991：13）

(3) 那棵树，花小，叶子大，很难看，**所以**我没买。

（曹逢甫，1995）

可以看出，以上三个例句尽管分别使用了连词"但"、关联副词"才"和连词"所以"三个不同的关联词语，却并不影响其成为流水句，可见，"有没有关联词不能作为流水句的判别标准"（沈家煊，2012b：411），至少不是唯一的标准。再者，例（4）和例（5）并未使用关联词，但因句段类型同样引起了流水句身份的争议，试看：

(4) **树木**长得茂盛，**树荫**很浓，**孩子们**夏天喜欢在树林中玩耍。

（张斌，2010/2015：144）

(5) **车夫**急着上雨布，**铺户**忙着收幌子，**小贩们**慌手忙脚的收拾摊子，**行路的**加紧往前奔。

（老舍，《骆驼祥子》）

不难看出，（4）（5）两例均由主谓齐全的整句句段构成，存在多个不同的主语,以往学者将其视为流水句分析,但高宁(2016:85)却明确指出,这类句子"彻底抽掉了流水句的基础——零句",因此,不是流水句,只能算作普通复句。

由以上分析可知,判定一个句子是否为流水句,不是由单个要素直接决定,而是由多个要素综合作用的结果。不具备此条件,可通过满足其他条件得到弥补。对此,笔者提出以下三个问题:

第一,流水句的判定到底需要考虑哪些要素?
第二,这些要素共同反映了流水句怎样的本质属性?
第三,流水句到底应该如何界定?

对于以上这三个问题,学界至今鲜有明确的追问与深入的探究,或聚焦流水句的某一侧面进行阐释,或蜻蜓点水般一笔带过,也正因如此,流水句的判定仍存在一定的分歧和模糊性。基于此,本书拟先对流水句的判定要素进行梳理与研判,确定影响流水句判定的关键要素,探究其背后隐匿的本质属性,并对流水句进行重新界定,试图将流水句以概念定义的形式纳入学术话语体系,以供学界进一步思考和探索。

3.2 要素分析与属性归纳

以往学界对流水句的特征描写涉及语义、语音和句构等多个层面。在语义层面,一般认为流水句依赖意合,语义联系较为松散,句段之间很难补出显性关联词,也往往无须补出,有些即使补上也显得勉强(高更生,1988;袁毓林,2000;张斌,2002;沈家煊,2012b;等等)。由此可见,流水句的语义关系具有一定的模糊性,对语境的依赖较高,主观性较强,因此,难以作为流水句的判定要素进行分析。而语音层面的研究,数量较为有限,从目前可搜集到的文献来看，仅有零星几篇文章（胡明扬、劲松，1989；王洪君、李榕，2014；陈玉东、段汝丽，2020）通过语音实验探究流水句的语音停顿和韵律特征等，这类研究往往需要专业设备和技术支持，在具体操作中有一定困难。

相比于以上两个层面，句构层面的研究最为翔实和全面，可以更好地体现流水句的独特性和典型性。并且，以句构特征为抓手，流水句的判定更易把握。基于此，本书梳理以往学界对流水句句构特征的不同研究，如表3.1所示。

表3.1 以往学界对流水句句构特征的描述

作者	关联词语的使用	句段的句式类型	句段主语的隐现
胡明扬（1984）	分句之间似断还连	—	—
胡明扬、劲松（1989）	无关联词语复句	至少两个及以上的独立句段构成	—
吴竞存、梁伯枢（1992）	不用或极少用作为形式标记的关联词语	多数由不完全的主谓句构成	承前或蒙后某个成分为主语
王维贤等（1994）	一般不用关联词语，句子结构松散	句型和句式灵活多样	多用省略，主语可以承前省或蒙后省
徐思益（2002）	少用甚至不用关联词语	每个小句并非主谓俱全	存在句子成分的省略/隐含
张斌（2002）	极少使用关联词语，也难以添补	—	—
邓凌云（2005）	难以补出关联词语	口语化的句子多，短句多，不完全句多	—
王振平（2006）	—	整句与零句混合交错形成流水句	—
沈家煊（2012b）	关联词经常不用	建立在可以独立的零句之上，零句可以组合成整句，也可独立成句	—
高宁（2016）	关联词使用过多则不宜看作流水句	由 N 个零句组成	—

续表

作者	关联词语的使用	句段的句式类型	句段主语的隐现
盛丽春（2016）	由若干小句构成，结构上互不包含，意义上相互关联的无标记复句	常用不完全句式，小句间的连接类型丰富，可以是主谓句和主谓句的组合，或非主谓句和非主谓句的组合，或交叉组合	—
王文斌、赵朝永（2016、2017a、2017b）	多个句段组成的复杂复句，句段之间结构松散，不借助显性关联词语	短语和小句共现频繁	多个主语或隐或现，并常出现跨句段指认

通过梳理可以发现，以往流水句句构层面的研究虽然视角不同、侧重有异，但是大致都包含以下三个要素：

其一，一般不用关联词语；

其二，句段句式类型多样；

其三，句段主语时常隐含①。

具体来看，"一般不用关联词语"是汉语意合组织法的有力体现，学界对此关注最多，认为流水句尽量不用关联词，但对于语义关系较为复杂或句式较长的句子，也允许个别关联词的使用，那么关联词语的使用在多大程度影响流水句的判定，对此我们拟于3.3展开详细分析。关于"句段句式类型多样"，学界在以往特征描写时虽然有涉及，但是存在一定争议，也鲜有学者明确将这一特征纳入流水句的具体判定与界定中，对此笔者拟对这一要素展开细致分析，详见3.4。"句段主语时常隐含"彰显的是汉语主语以不以为常的典型特质，对此学界不吝笔墨，探讨流水句隐含主语承前或蒙后其他

---

① 严格来讲，"省略"和"隐含"并不相同，以往学界曾从结构平面、形成方式、语义范围和有无完整式等角度对二者进行区分。但是我们认为，两者在外在形式上均体现于没有实在的词语表现形式，故在此视之等同，恕不区别。

句段中的成分为主语，是流水句句构表征的一大特色，也是"确认小句衔接关系并识别流水句结构层次的根本"（徐思益，2002：12），同时，围绕句段主语的隐含与指认，也作了一些分类尝试（吴竞存、梁伯枢，1992；王文斌、赵朝永，2017a；崔靓、王文斌，2019；等等），对这一要素的探讨详见本书3.5。此外，结合本章开篇所举例句（4）和例句（5），两例均由主谓齐全的整句句段构成，具有一定的独特性，笔者认为，这类句式反映的是流水句的另一个重要特征"多个不同主语共现"，而此前学界对此鲜有论及，本书将其作为流水句判定的第四个要素提出，详见3.6。

综上所述，笔者认为，流水句判定需综合考量"四个要素"："一般不用关联词语""句段句式类型多样""句段主语时常隐含"和"多个不同主语共现"。这"四个要素"共同反映了流水句零散性的本质属性，具体表现在"零"和"散"两个层面。

"零"对应"句段主语时常隐含"和"句段句式类型多样"。前者指流水句的句段主语时常隐含，与主谓齐全的整句相比，是隐含了主语的零句，外在形式较为零碎；后者指零句可以直接作为流水句句段，也可以组成整句句段，多种形式均可参与流水句的构建。

"散"对应"一般不用关联词语"和"多个不同主语共现"。前者指句段之间罕用关联词，外在结构比较松散；后者指分述不同主语的整句句段铺排并置，对多个对象进行散点式堆叠，句式整体显得流散、疏放。

可见，一个句子具备的要素越多，零散性越强，其作为流水句的属性也就越典型，反之，其典型性越低。最典型的流水句应具备所有的要素，是流水句范畴的原型成员。但在此需指出的是，王文斌和赵朝永（2016）从"汉语具有空间性"出发，提出流水句具有"离散性"特征，即句段之间罕用关联词。但笔者认为，"离散"不等同于"零散"，因为"离散"不能体现流水句句段的"零碎"之感,而"零"却是流水句不可忽视的根本属性之一,因此,笔者提出的"零散性"可以涵盖更全面的流水句句构特点。

概言之,以上四个要素虽然针对流水句的不同侧面,但是共同揭示了流水句在句构层面的零散本质。因此,在具体判定流水句时,不能只看单个要素,也要对以上四点进行综合考量和研判。这也是我们对本章提出的第一个问题"流水句的判定到底需要考虑哪些要素"和第二个问题"这些要素共同反映了流水句怎样的本质属性"的初步设想。而关于第三个问题"流水句到底应该如何界定",我们拟于判定要素分析完毕,在本章末尾作出解答。下面我们分别探讨四个判定要素。

3.3 要素一:一般不用关联词语

"连接"是一种通过连接成分体现语言中逻辑事理关系的手段。一般来说,"连接"包括三个下位概念:联接、关联和衔接。三者含义大致相当,但适用的对象并不相同:"联接"一般用于小句内部,由词构成短语(小句);"关联"往往用于复句内部的分句之间;而"衔接"则用于篇章中的不同句子之间(姚小鹏,2011:9)。流水句属于复句范畴,因此,笔者在表示流水句句段之间的连接成分时,选用"关联词语"这一术语。

对于"关联词语的使用",以往研究流水句的学者几乎均有所涉及,较为一致的看法是流水句句段之间不用或少用关联词语。主要原因是流水句作为一种区别于"有标志复句"的"无标志复句",其最基本的特点就是不借助或鲜少借助显性的关联词表示内部逻辑关系。流水句内部句段之间除停顿和终结语调外,没有其他形式标志,有没有关联词不能作为判别标准,并且关联词语经常不用,意义上的联系靠上下文推导(沈家煊,2012b:411)。

至此，我们提出两个问题：第一，以往所说的"流水句不用或少用显性关联词语"，"少用"具体指什么？或者说，流水句使用关联词的底线是什么？第二，流水句内部出现了个别关联词语，但仍不影响其为流水句，其中缘由何在？这些问题学界至今尚未有过明确的论述和解释。

一般来说，关联词语是复句中联络各个分句，并表示一定语义关系的词语。但在此需指出的是，关联词语却并非某一类词或某几类词的总称。因为它打破了词类的界限，可以是普通连词，如"因为、但是、尽管、既然"等，也可以是一部分副词，如"就、也、却、便"等，还有助词"……的话"等，以及其他类词（张斌，2010/2015：640）。之所以说是"一部分副词"，是因为现代汉语中并不存在严格意义上的纯粹的"关联副词"，几乎每个有连接功能的副词，如"就、才、便、也、却、又、再、还、倒、更"，都兼属其他小类，因此，"关联副词"并不能成为一个独立的系统，只能理解为存在一些具有连接功能的副词而已。并且，在这些副词中，有的连接功能强，有的连接功能弱，有的只有在固定格式中，才能发挥关联作用，不能单独充当连接性状语，如"不、越、都、既"等。而只有当副词的连接功能成为其基本功能时，才有可能进一步转化为连词（姚小鹏，2011：1-17）。

3.3.1 流水句关联词语使用的底线

下面我们来看第一个问题，流水句使用显性关联词的底线是什么？

从关联词语本身的特性来讲，关联词语往往成套出现，形成固定的搭配格式，具体来看，有的是连词与连词之间的配合，如"因为……所以……，既然……那么……，虽然……但是……"等；有的是连词与关联副词之间的叠用，如"如果……就……，尽管……

也……，虽然……却……"等。笔者认为，如果一个句子使用了成套的关联词语，则往往展现明显的逻辑严密性，这必然与流水句本身的零散特征不符，其作为流水句的典型性会明显降低，甚至不是流水句。例如：

(6) 如果你不去，他们也不去，这个机会就浪费了。

(7) 虽然天气很冷，风特别大，但是刘芳还是去上课了。

可以看出，例（6）和例（7）分别使用了成套的关联词语"如果……就……"和"虽然……但是……"，前后衔接紧密，整体上呈现较为严密的逻辑关系，因此，不应属于流水句范畴。

关于这一点，王维贤等人（1994：299）也曾指出，流水句"由几个组织松散的小句组成，一般不用关联词语，句子结构松散"，并将"用不用关联词语，用不用成套的关联词语"作为流水句的必要条件。因为在古代汉语中，句子的组构主要凭借语序，很少借助关联词联结，后来受印欧语的影响，现代汉语中的关联词语逐渐增多，但也多见于典型的书面语体，特别是议论文中，以明示小句之间的逻辑关系（张斌，2002：273）。但像流水句这种广泛用于记叙文和描写文的表达方式，使用成套的关联词无疑会破坏其零散特征。确实，流水句在古代汉语中广泛应用的例子不胜枚举，在此我们仅列举三例。其中，鉴于例（8）和例（9）涉及多个主语，指认较为复杂，为方便读者，我们将原句以（8a）和（9a）表示，将补全隐含主语的句子以（8b）和（9b）表示，因例（10）仅涉及一个共同主语，因此，没有另外标注，仍记作（10）：

(8a) ①卧者以告，②令士皆赤衣，③随所斫，④以灰跛树，⑤断，⑥化为牛，⑦入水。

（《汉魏六朝小说选·列异传·怒特祠》）

(8b) ①卧者以告**(王)**，②**(王)** 令士皆赤衣，③**(士)** 随所斫，④**(士)** 以灰跛树，⑤**(树)** 断，⑥**(树)** 化为牛，

54

⑦(牛)入水。

(《汉魏六朝小说选·列异传·怒特祠》)

(9a) ①故司隶校尉上党鲍宣，②字子都，③少时举上计掾，④于道中遇一书生，⑤独行无伴，⑥卒得心痛，⑦子都下车为按摩，⑧奋忽而卒。

(《汉魏六朝小说选·列异传·鲍子都》，第10页)

(9b) ①故司隶校尉上党**鲍宣**，②(**鲍宣**)字子都，③(**鲍宣**)少时举上计掾，④(**鲍宣**)于道中遇一**书生**，⑤(**书生**)独行无伴，⑥(**书生**)卒得心痛，⑦**子都**下车为按摩，⑧(**书生**)奋忽而卒。

(《汉魏六朝小说选·列异传·鲍子都》)

(10) ①秦王为人，②蜂准，③长目，④挚鸟膺，⑤豺声，⑥少恩而虎狼心，⑦居约易出人下，⑧得志亦轻食人。

(司马迁，《史记·秦始皇本纪》)

由以上例句可以看出，不论句式长短，主语多寡，古代汉语中几乎很少使用逻辑连接词。如例（8）涉及多个主语，句段②的主语承接句段①中"以告"的隐含宾语"秦文公"隐而不显，句段③和句段④的主语来自句段②中的"士"，句段⑤和句段⑥的主语为"树"，句段⑦的主语为"牛"。整个句子描述了多个不同的主语，但其间无一关联词衔接，全凭内部语义贯通，是典型的流水句。例（9）同样如此，8个句段围绕"鲍宣"和"书生"展开，但主语往往隐而不显，依靠语义统摄，也不借助关联词明示其内部逻辑关系；例（10）以同一主语"秦王"贯穿始终，主语仅在第一句段显性出现一次，句段类型丰富多样。

可以看出，不论句子内部的逻辑关系多么复杂，主语隐含与指认多么灵活，古代汉语更是将"不用显性关联词语"这一典型特征发挥到极致。因此，林杏光（1990：132）曾感叹道："不用或尽量少用关联词语，又能把分句间的逻辑关系表达清楚，是运用汉语功力的表现。"只是随着与印欧语的接触和交流,现代汉语中的关联词语的使用明显增加。但流水句作为汉族习以为常的地道语言表征,内蕴着汉语言的文化基因和文化烙印。因此,笔者认为,关联词语使用过多的,不宜看作流水句(高宁,2016),至少不属于典型的流水句,包括连用多个含义不同的关联词语,如例(12),也包括含义相近的关联词语的搭配使用,如例(13):

(11) ①栓子的妈,②甭害怕,③开过多少回炮,④一回也没打死咱们,⑤北京城是宝地。

(12) ①栓子的妈,②甭害怕,③开过多少回炮,④<u>但</u>一回也没打死咱们,⑤<u>因为</u>北京城是宝地。

(王维贤等,1994:299)

(13) ①花坛里**虽然**有些杂草,②**可**那牡丹**却**舒枝挺叶,③开得热火朝天,④向那布满绿荫的庭院喷射出红彤彤的火焰。

(陆文夫,《人之窝》)

例(11)由5个句段一气呵成,中间没有显性关联词的衔接,是典型的流水句,但如果在句段④和句段⑤开头分别填补两个联结词语"但"和"因为",得到例(12),其中,"但"表示转折关系,"因为"表示因果关系,两者属于不同的关联词,可将原来的流水句(11)中隐含的逻辑关系外显出来,因此,由原来的流水句变为一般复句(12)。而例(13)中"虽然……可(是)……"本身即为成套的关联词语,表示转折关系,通过"转折"强调的是后句的内容,然而,在此基础上又使用了关联副词"却",使原来已经显示出来的转折关系得到了强化,因此,也不应视为流水句。

因此,我们认为,流水句应以尽量不出现显性关联词为典型特征,但对于语义关系较为复杂的流水句,可以允许个别的关联词使用,但过多的关联词会使流水句本身的零散特征削弱。并且,不同关联词的搭配和连用,会使原来的逻辑语义关系得到进一步的凸显和加强。

　　此外，关联词使用的位置也会对流水句的零散特征产生不同影响。一般来说，出现在句段与句段之间的关联词，比出现在某个句段内部的关联词，对流水句零散特征的影响更大。因为出现在某个句段内部，往往只对同一语义层次有影响，但出现在不同句段之间，则可能会涉及不同的语义层次，例如：

（14）①这女人的漂亮丈夫，②在旁顾而乐之，③**因为**他几天来，④香烟、啤酒、柠檬水沽光了不少。

（徐思益，2002：13）

（15）（他决定去拉车，就拉车去了。赁了辆破车，他先练练腿。第一天没拉着什么钱。）①第二天的生意不错，②**可是**躺了两天，③他的脚脖子肿得像两条瓢子似的，④再也抬不起来。

（徐思益，2002：13）

（16）①她手上生的五根香肠，②灵敏得很，③在头发里抓一下**就**捉到个虱，④掐死了，⑤叫孩子摊开手掌受着，⑥陈尸累累。

（钱锺书，《围城》）

（17）①沉草看见演义手持杂木树棍朝他扑过来，②他想躲闪**却**力不从心，③那根树棍顶在他的小腹上。

（苏童，《罂粟之家》）

　　通过对比以上四例可以看出，每一例均使用了显性关联词语，但对流水句判定的影响却并不相同。例（14）和例（15）分别使用了表示因果关系的连词"因为"和表示转折关系的连词"可是"，并且均位于前后两个不同的句段之间。其中，例（14）句段①②表示结果，句段③④表示原因，通过连词"因为"将两个不同的语义层次联结在一起。例（15）同样如此，转折连词"可是"用于句段

①与句段②③④之间，分属于不同的语义层次，使得整个句子的逻辑关系较为清晰。

相比之下，例（16）中的关联副词"就"用于句段③的内部，根据《现代汉语词典（第六版）》中有关"就"的释义，第七词条下副词"就"表示前后事情紧接着，在结构"……就……"中表示动作或事件先后相承，紧密相接。因此，例（16）中位于句段③"在头发里抓一下**就**捉到个虱"中的关联副词"就"，连接两个紧接发生的动作"在头发里抓一下"和"捉到个虱"，两个动作属于同一语义层次，因此，本句中"就"的使用对流水句整体的零散特征影响较小。例（17）同样如此，表示转折关系的关联副词"却"用于"他想躲闪**却**力不从心"这一句段②内部，连接了愿望"想躲闪"与结果"力不从心"两个相反的事情，但在同一个语义层次中，因此，对该句的零散特征影响较小。因此，从关联词语的角度来看，例（14）和例（15）较例（16）和例（17）的零散特征弱。

3.3.2 从"一般不用关联词"判定流水句

根据上文的分析，我们可以看出，例（14）~例（17）均使用了个别关联词语，但并不影响其为流水句，其中缘由何在？这就是本小节要探讨的第二个问题。我们认为，之所以即便存在个别关联词，但仍为流水句，是因为它们还满足了流水句其他的判定要素。比如，例（15），徐思益（2002：13）曾分析，该句的主语隐含非常独特，句段②的主语来自句段③中的定语"他"，句段④的主语承接句段③的主语"他的脚脖子"而隐含，句中的表述空位∅，即句段②和句段④的主语，均需要从上下文中找寻，符合流水句的典型特征，因此，应该算作流水句。

可见，如果仅依凭"显性关联词的有无"来判定句子是否为流水句，并不合适。那么，一方面，我们不能因为句子使用了个别关联词，就盲目判定其不是流水句；另一方面，也不能因为一个句子没有使用关联词，就判定其一定是流水句，例如：

（18）时间就是生命，时间就是速度，时间就是金钱，时间就是力量。

（邵敬敏，《现代汉语通论》）

（19）他丑，他脏，他无耻，他狠毒。

（老舍，《骆驼祥子》）

（20）漓江的水真静啊，静得让你感觉不到它在流动；漓江的水真清啊，清得可以看见江底的沙石；漓江的水真绿啊，绿得仿佛是一块无瑕的翡翠。

（陈淼，《桂林山水》）

可以看出，以上三例虽然没有使用显性的关联词语，但是在形式上却呈现一定的特殊性，零散不足、整齐有余。根据邢福义（2001/2014：234）的观点，这种由三个或三个以上的意义相关、语气一致、结构相同或相似、音节数相同或相近的一串词、短语或句子（分句）连用而成的句子叫作排比句。这种类型的句子，句式结构整齐划一，易于把握，与流水句的本质属性，即零散性不符，因此，不应视为流水句。因此，可以看出，以上三例句式表征虽然没有使用特定的关联词语衔接，即满足"一般不用关联词语"这一要素，但是在句式结构上与流水句的零散本质相违背，因此，不能算作流水句。但是在以往的研究中，有的学者（盛丽春，2016）将其视为流水句，笔者却认为这样的作法有待商榷。

由此可见，流水句的综合判定，需考虑其他零散要素及其组合情况，不能全凭关联词语的有无来判别。但是，仅就"关联词语"这一点来看，流水句虽然尽量不使用显性关联词语，但是对于结构较为复杂或者句式较长的句子，可以使用个别关联词，只是还要符合其他零散特征加以平衡。此外，关联词语的数量应尽量控制在一个以内，不能使用成套的关联词语。当然，毋庸置疑的是，关联词语使用得越少，句子的零散性就越强，这样的流水句就越典型。此外，关联词使用的位置也在一定程度上影响流水句的典型性。

左飚（2001：513）指出："由汉字组成的语词'意蕴丰富有余，配合制约不足，一个个词语好像一个个基本粒子，可以随意碰撞，只要凑在一起，就能意合，不搞形式主义'，这为汉语语段形散意合的波状流动打下了基础。"这正体现了流水句形散神聚的典型表现，而少用显性关联词语，正是"形散"有力的证明。

3.4 要素二：句段句式类型多样

3.4.1 流水句句段的句式类型

吕叔湘先生曾提出，汉语的句子由句段构成，"有时候里里拉拉的，不那么严密，可以考虑分成'句段'来分析"（胡明扬、劲松，1989：42），继而他（1979/2013：24-25）对提出"流水句"这一概念，指出句段构成"一般是一个主谓短语；也常常是一个动词短语；在少数情况下是一个名词短语"。范继淹（1985：257-269）继而将句段分为正段和小段两种类型。正段包括主谓段和谓语段，出现最多，应用最广，是构成句子的基本句段；而小段则包括体词段、副词段等，其最大用途是跟正段组合成句。范继淹指出："扩展句式的句段数及其联结形式和联结关系错综复杂，千变万化，是使汉语成为无限态语言的重要句法手段之一。"（1985：257-269）在此，范继淹虽然未明确提及流水句，但是这种"无限态"的句段组合正是流水句连词成句的组构机理，也是其句法表现的真实写照。

与以上观点不同，一些学者认为，流水句句段类型多样，但以主谓不齐全为主。例如，陈建民（1986：34）指出，"在流水句中，非主谓句小句的使用频率较高，远在主谓小句之上"；吴竞存、梁伯枢（1992：316-350）也认为，流水句的分句"多数由不完全的主谓句构成"，例如：

（21）王三胜，大个子，一脸横肉，努着对大黑眼珠，看着四周。

（吴竞存、梁伯枢，1992：322）

（22）小个子，尖尖的下巴，黑瘦黑瘦，喜欢双手拢袖，典型的表情是歪过脑袋扁扁嘴。

（《人民文学》，1989（1）：62）

（23）她三十左右年纪，一头丰茂的黑发，用酱紫色的卡子绾在脑后，脸色略显有些憔悴。

（魏巍，《东方》）

由上可见，例（21）中的"王三胜""大个子""一脸横肉"，例（22）中的"小个子""尖尖的下巴"，例（23）中的"一头丰茂的黑发"都是体词性成分，即名词性短语直接作谓语，丰富了流水句的句式类型，是流水句典型的句构特征，应用十分广泛。不过，吴竞存和梁伯枢（1992）探讨的主要是流水句谓语的不同种类，对流水句主语的类型缺乏关注和研究。王维贤等人（1994：298-304）曾指出，流水句的表层结构和语气灵活，句型和句式多样，多用省略和重复，常用管领词语和插入语。小句形式有名词性的和形容词性的，还有动宾结构的，少部分是主谓齐全的，这才是汉语流水句的本质。王维贤等人的这段论述对流水句句段特点的揭示较有远见。

但是，真正对流水句句段类型进行更为全面探讨的是沈家煊（2012b）。他（2012b：414）在赵元任先生"零句说"，即"句子可以从结构上分为整句和零句。'零'是畸零、零碎的意思。零句没有主语—谓语形式，大多数零句是动词性词语或名词性词语"（赵元任，1979/2012：41）的基础上，指出，"造成汉语特多流水句的原因是零句占优势",流水句是"建立在可以独立的零句之上"的。继而,沈家煊(2012b:405)还进一步详细阐发了零句在可能的形式上并没有限制,"主语除了是名词性词语,也可以是表时间、处所、条件的词语,也可以是动词性词语、介词短语和主谓短语,谓语除了是动词性词语(包括形容词),也可以是名词性词语和主谓短语"。

可以看出,沈家煊的论述深化了我们对流水句句段类型的认识,使流水句的研究视角有了根本性的转变。然而,需要指出的是,沈家煊(2012b,2014,2015)系列研究的重点在于他提出的"名动包含说"(2007,2009a,2010a,2010b,2012a),即汉语的名词包含动词,动词是名词的一个次类,这一观点关涉语言的多个层面,对流水句的启示是流水句具有"指称性"和"并置性"特征。"指称性"是基于"名动包含"理论,认为汉语的动词和动词短语,以及句子的谓语均具有"指称性",而"并置性"是流水句由一个个"似断似连"的句段组成,即可以独立的零句进行并置,句与句之间的语义联系或相关不必靠句法关联手段,可以依靠人的一般认知能力来推导(沈家煊,2012b)。但问题在于,沈家煊并未将"零句说"深入贯彻于流水句的界定与判别中,"零句说"并不能直接用于指导我们对流水句的判断,并且他也并未对"流水句"下定义。

3.4.2 从"句段句式类型多样"判定流水句

从以上分析可以看出,以往学界虽然已不同程度地提及流水句的句段类型,但主要停留在描写层面。沈家煊引入"零句说"固然为流水句研究提供了新思路,但也并未将其实际应用于对流水句的判定中,难以对流水句的判断产生直接作用。而真正将"零句说"具体落实到对多流水句判定的是高宁,他视零句为流水句的基础,肯定了零句的绝对地位。根据高宁(2016:83-89)的定义,"流水句是由 N 个零句组成的一句话"。换言之，流水句由名词性短语、动词性短语铺排或交错组合而成。试看：

(24) 走，不早了，只有二十五分钟，叫他们把车子开出来，走吧。

（曹禺，《雷雨》）

(25) 用不着你看家，待会儿有警察来照应着这条街，去，换件新衣服去！

（老舍，《龙须沟》）

(26) 坐着，躺着，打两个滚，踢几脚球，赛几趟跑，捉几回迷藏。

（朱自清，《春》）

由例（24）~（26）不难看出，以上各例中的句段均由零句构成，无一整句句段，符合高宁"流水句由 N 个零句组成"这一定义，是典型的流水句。可见，这一判定方式有别以往，十分重视零句在流水句中的基础地位。但问题在于，其在一定程度上否认了整句句段的合理地位。毕竟完全由"零句加零句"组成的流水句，数量十分有限，甚至是少数。从语料观察中我们发现，大多数流水句是由零句和整句混合而成，即介于"完全由零句组成"与"完全由整句组成"之间。但对于这类句式，高宁（2016：85）曾反对"流水句是由整句与零句混合而成"的说法（王振平，2006：26；连淑能，2010），而这恰恰是学界大多数学者的看法。对此，高宁提出了新的判别标准：若一句话中夹杂不到总量 1/3 的整句，且不用关联词语，不妨称为"准流水句"。换言之，这样的句子虽然带有流水句的特点，但是又不够典型。例如：

(27) 他在找一个人，走路有点儿一拐一拐的，已经找了半天了。

（沈家煊，2012b：411）

(28) 杜十娘拿出一件件首饰,都是价值连城,统统投入江中。

(沈家煊,2012b:413)

(29) 老王又生病了,请假又走不动,儿子女儿上班忙,请个保姆工资低,先借点呢?犟脾气一个!

(沈家煊,2012b:411)

根据高宁(2016)的观点,在例(27)中,"他在找一个人"为整句句段,"走路有点儿一拐一拐的"和"已经找了半天了"是零句句段,因为整句句段的数量占总体的1/3,因此,这不是一个流水句。同样,例(28)因整句句段"杜十娘拿出一件件首饰",例(29)也因整句句段"老王又生病了""儿子女儿上班忙"的存在,也都不能归入流水句的范畴。因此,可以看出,高宁对流水句的判定提出了实操性的标准,使其可以在同一层面进行反复操作和验证,在一定程度上推动了对流水句的深入探究和发展。但笔者认为仍有以下三点值得商榷:

其一,如何理解"零句是根本"与流水句句段构成的关系。笔者认为,"零句是根本"并不意味流水句只能由零句构成,不能出现整句句段。零句因其自身的灵活性,可以直接作流水句句段,也可以先组成整句,由整句作流水句句段,这应为"零句是根本"的真正含义。不可否认,零句用得越多,零句的类型就越丰富,则句子整体显得越零碎,其"里里拉拉"的效果或许愈明显,但并不能以此为纲,将零句视为流水句的标准句段形式,从而忽视了流水句句段类型的多样性和灵活性。

其二,在对语料的实际分析中我们发现,高宁划分的"准流水句"这一类别有待探讨,试看:

(30) ①花种得好,②姹紫嫣红,③满园芬芳,④可以欣赏。

(高宁,2016:84)

可以看出,例(30)由整句和零句混合而成,句段①③为整句,句段②④为零句，各占一半，整句的比重显然超过总量的1/3，并不符合高宁的"准流水句"标准，但他仍将其算作"准流水句"，可见前后并不统一。并且，"整句占总量不到1/3"这一规定，具有一定的主观性，高宁自己也提出"需要进一步的定性、定量研究"（高宁，2016：89）。此外，他在后文讨论"流水句与翻译"时，又指出，必须把"准流水句"纳入考察研究范围，认为若严格限定在标准流水句的范围，不仅大大降低流水句的使用率，而且不符合当代汉语使用的实际情况。由此可见，他在文中设定的流水句判定标准确实有些苛刻。

其三，高宁对流水句的判别标准与语言实际存在一定出入。通过分析，我们可以看出，如果按照高宁（2016）对流水句的界定和判断标准，以往学界研究流水句时所举的例句，完全由零句加零句构成的句子，数量十分有限，甚至属于少数派。这显然违背流水句作为一种极具汉语特色的表达形式，"在大的方面最能体现汉语特点"（沈家煊，2012b：414）这一观点，也违逆学界普遍认为的"由零句及其搭配而成的话题句和流水句是汉语的主要句式"（朱晓农，2015：22）这一看法。流水句既然作为汉语典型的句式表达，理应是一种常规用法，而不是少数个例。尽管在当代汉语中，因语言接触受西方语言的影响，纯正的流水句数量已相对减少，但恰如赵元任等所说，零句或流水句等句式是汉语独具特色的表达形式，如"哥走侄不亲，姐去门槛断，兄死叔就嫂。""身体发肤，受之父母，不敢毁伤，孝之始也。""寝不横尸，卧不覆首，眠不北向。""小狼狗饿坏了，一天三碗饭，一碗半斤肉。"等传统表达方式在汉语现实语言交际中依然屡见不鲜。

因此，高宁虽然将"零句说"切实落实到流水句研究中，但是由于其判定标准过于严苛，使其具体操作和实际推广难以展开。我们认为，流水句作为典型的汉语表达，其句段的句式类型应呈现灵活多样的特点。一方面，句内零句越多，零句的类型就越丰富，其作为流水句的属性也就越典型；另一方面，句内包含的句式类型越多样，即整句和零句交错混合越复杂，其作为流水句也就越典型。试比较以下两例：

(31) ①**岳拓夫**倒了一些热水在脸盆里，②蘸了把毛巾湿润了面颊，③挤了一些剃须膏在须刷上，④转着圈地刷满了面颊和下巴，⑤一直刷到喉结那里。

(吴竞存、梁伯枢，1992：317)

(32) ①营业员手一扳，②转过柜台，③竹壳热水瓶摆到绍兴酒坛旁边，④漏斗插进瓶口，⑤竹制酒吊，⑥阴笃笃，⑦湿淋淋提上来，⑧一股香气，⑨朝漏斗口一横，⑩算半斤。

(金宇澄，《繁花》)

可以看出，例（31）和例（32）虽然均包含整句和零句两种句段形式，但是不难发现，两者存在明显差异。例（31）除句段①为整句句段外，其余句段皆是零句，且均由动词性短语担任，类型较为单一。相比之下，例（32）中的句段、句式类型十分丰富，包含多种不同形式。其中，句段①为主谓齐全的整句，其句段主语为"营业员"，谓语"手一扳"同样是一个主谓结构，句段②为零句句段，由动词性短语担任，隐含的主语承前来自句段①的"营业员"，句段③和句段④均为整句句段，主语分别由"竹壳热水瓶"和"漏斗"充当。以下几个句段均为零句形式，句段⑤"竹制酒吊"为名词性短语，句段⑥"阴笃笃"为形容词性短语，句段⑦为动词性短语，句段⑥和句段⑦的主语均为"竹制酒吊"，句段⑧为又一名词性短语表示伴随的状态，句段⑨为介词性短语，主语是"竹制酒吊"，句段⑩是动词性短语。

可以看出，例（32）中多种类型的句段交叉混合，将流水句句段类型多样的特点表现得淋漓尽致，其作为流水句的典型性也明显高于例（31）。

3.5 要素三：句段主语时常隐含

3.5.1 流水句句段的隐含主语

在本书第二章2.6.1 "从传统语法视角看流水句的组构方式"中，我们曾分析，流水句句段隐含的主语往往具有承前启后的联结功能，承前或蒙后某个成分为主语，是流水句之所以能组织起来的重要手段（吴竞存、梁伯枢，1992：350）。然而，从本章表3.1我们可以发现，与"不用显性关联词语"相比，"句段主语隐含"这一要素很少被写入流水句的定义中。王文斌和赵朝永（2016，2017a，2017b）曾通过对大量典型流水句例证的观察、分析和归纳，从"汉语具有强空间性特质"这一视角出发，将"流水句"重新定义如下：

> 由多个句段组成的一种复杂复句，其特点是句段与句段之间结构松散，不借助显性的关联词语，多个主语或隐或现，并常出现跨句段指认，短语和小句共现频繁。

可见，这一定义将流水句句段主语的隐含作为一项重要因素，纳入流水句的系统研究。既然有句段的主语隐含，则自然会涉及隐含主语的指认问题，即徐思益（2002：12）所说的"找出句中∅位的指称成分，是确认小句衔接关系并识别流水句结构层次的根本"。对此，王文斌（2019：236）提出了"主语指认"的概念：

> 流水句的句段常多主语并存，主语不仅经常承前省略或隐含，也经常回指到前一个句段的主语或宾语，甚至跨句段回指到更远的位置，并由此将多个句段在结构、语义和逻辑上联系在一起，这种通过主语的并置、隐含、回指或跨句段回指而将若干个松散

的句段联系在一起的衔接和连贯机制，就是主语指认。

可以看出，流水句句段的主语指认是联系前后各句段的有力手段，通过隐含主语与其所指成分建立的承接关系，可以将流水句外在结构松散的句段联系起来，而隐含主语的"跨句段指认，甚至回指到更远的位置"，更显示了汉语主语强大的承接功能。但是，需要指出的是，根据王文斌（2019）的定义，他提到隐含的主语"经常回指到前面的句段"，但在实际的流水句语料中，我们发现，隐含主语指向后续句段的情况，即蒙后指认的情况，也非常普遍，例如：

(33a) ……然后往脸上抹了很厚一层的雪花膏，香喷喷地穿上了那件刚刚织成的精纺的线衣，还从箱底翻出结婚前的丝巾，系在脖子上，一只脚跨出了门槛，另一只脚抬了抬又放在了原地，**她**回头对许三观说……

（余华，《许三观卖血记》第 7 章）

(33b) Then **she** smeared a thick layer of Snowflower cream across her face and, redolent with its fragrance, donned her newly crocheted sweater. Finally, she pulled her only silk scarf from out of the trunk, tied it around her neck, and stepped out the door. Before she took another step, she turned and addressed Xu Sanguan.

（安德鲁·琼斯译）

(34a) 猛睁眼看见光明，**他**就忍不住，将身一纵，跳出丹炉，忽喇的一声，蹬倒八卦炉，往外就走。

（吴承恩，《西游记》第 7 回）

(34b) **He** looked hard and saw daylight; and, unable to stand being in there a moment longer, leapt out of the furnace, kicked it over with a crash, and was off.

（Jenner 译）

由上可知，例（33a）整个句子共享同一主语"她"，而这一主语只在最后一个句段出现，前面句段的主语全部隐含，均指向最后一个句段的主语，属于蒙后主语省略；而例（34a）的主语"他"出现在第二个句段中，位于句中位置，其前面的句段向后指认，后面的句段向前回指。如果我们对照各句的英文翻译可以看出，不管汉语中的显性主语出现在哪个句段，英语表达在第一句段中就明确其主语，后续句段的主语才可以不出现。由此可见，汉语流水句的句段主语时常隐含，并且句中隐含的主语既可承前，也可蒙后，但英语的主语隐含远没有汉语的位置灵活。简言之，流水句中主语的指认位置十分灵活，既可承前，也可蒙后，或者是承前与蒙后交叉出现。

3.5.2 流水句隐含主语的指认

上文我们分析了流水句句段的隐含主语可指向不同的位置，此外，笔者还发现，句段隐含主语指认的成分，不仅只有"前一句段的主语或宾语"，还应包括定语等其他语法成分，下面我们依次展开分析。首先看句段隐含主语指向其他句段主语的例子：

(35) ①那狗$_i$黄毛，② $\emptyset_i$黑眼圈，③ $\emptyset_i$长身材，④$\emptyset_i$细高腿，⑤$\emptyset_i$特别地凶猛，⑥$\emptyset_i$要咬住人，⑦$\emptyset_i$不见点血腥味儿，⑧$\emptyset_i$绝不撒嘴。

（陈平，2017a：147）

(36) ①$\emptyset_i$头发花白，② $\emptyset_i$面带微笑，③这个温和而坚定的老人$_i$，④$\emptyset_i$胸中盛满四十年的艰难。

（2009年度感动中国人物：朱邦月）

(37) ①妈$_i$是个本分人，②$\emptyset_i$念过书的，③$\emptyset_i$讲脸，④$\emptyset_i$舍不得把自己的女儿叫人家使唤。

（曹禺，《雷雨》）

不难看出，例（35）中句段①主谓齐全，主语"那狗"显性出现，而后续句段的主语全部隐而未显，均向前指向句段①的主语"那狗"，因此，隐含的主语皆来自第一句段的主语成分，这种"句段中隐去的主语，均来自其他句段的主语成分"的流水句可被称为"主语同指流水句"（崔靓、王文斌，2019：97-98）。例（36）亦然，句段①②隐含的主语，皆受指于句段③的主语"老人"，而第④句段为承前隐去主语的主谓句，其隐性主语同样指向句段③中的主语"老人"，可见，流水句句段隐含主语的指认方向，或前或后，位置较为灵活。而例（37）中后续句段隐含的主语，均可回指到第①句段的主语成分"妈"。下面看句段隐含主语指向其他句段宾语的例子：

(38) ①臣奉旨观听**金光之处**$_i$，②$\varnothing_i$乃东胜神洲海东傲来小国之界，③$\varnothing_i$有一座**花果山**$_h$，④**山**$_h$上有一**仙石**$_m$，⑤**石**$_m$产一**卵**$_j$，⑥ $\varnothing_j$见风化一**石猴**$_k$，⑦$\varnothing_k$在那里拜四方，⑧$\varnothing_k$眼运**金光**$_n$，⑨$\varnothing_n$射冲斗府。

（吴承恩，《西游记》第1回）

(39) ①对面铺靠墙睡着一个**姑娘**$_i$，②$\varnothing_i$胖乎乎的，③$\varnothing_i$穿着紫上衣，④$\varnothing_i$系着水红裙子，⑤$\varnothing_i$一个胳膊弯在脸上，⑥$\varnothing_i$睡的正香。

（杨朔，《三千里江山》）

(40) ①这座山名唤万寿山，②山中有一座**观**$_j$，③$\varnothing_j$名唤五庄观，④观里有一尊**仙**$_j$，⑤$\varnothing_j$道号镇元子，⑥$\varnothing_j$混名与世同君。

（吴承恩，《西游记》第24回）

现以（38）为例，该句蕴含了多个不同的主语，但并不是每个主语都一一俱显。如果仅聚焦其中隐含主语所在的句段，即②③⑥⑦⑧和⑨，可以更好地窥探流水句主语隐含的奥秘。句段②和③隐去的主语均回指到句段①的宾语"金光之处",句段⑥的隐含主语同样承前指认,指向句段⑤的宾语"卵",而句段⑦和⑧的隐含主语一同回指句段⑥中的宾语"石猴",句末句段⑨的主语承接句段⑧中宾语"金光"而隐去。可见,例(38)呈现十分复杂的主语指认现象,单就隐含的主语便有4个:分别是"金光之处""卵""石猴"和"金光"。然而,尽管该句中的主语指认十分烦琐,但不难发现,4个隐含的主语仍然是受同一种句子成分指认,即均为其他句段中的宾语。崔靓和王文斌(2019:98)将符合这一特征的流水句称为"宾语同指流水句"。而这种承指紧密、交织有序、环环相扣、段段相连的句式表征,乃汉语流水句的一大特色,在实际应用中具有相当高的使用频率。下面看句段隐含主语指向其他句段定语的例子:

(41) ①祥子$_i$的心中很乱,②∅$_i$末了听到太太说怕流血,③∅$_i$似乎找到了一件可以安慰她的事。

(老舍,《骆驼祥子》)

(42) ①∅$_i$想着想着,②她$_i$的手心就出了汗,③∅$_i$很快地又把撒下的钱补还原位。

(老舍,《正红旗下》)

(43) ①∅$_i$送走了两位贵客,②∅$_i$面对着满屋子的烟雾,③姜冰$_i$的心里却爽快不起来。

(《十月》1990年第2期)

在例(41)中,句段②和句段③的主语均隐而不显,回指到句段①中的定语成分"祥子",是一种定语同指的流水句。而例(42)中句段①③隐含的主语,皆指向句段②中的定语"她",例(43)前现句段隐含的主语,均受句末句段③中定语"姜冰"的指认。由此可见,流水句句段中隐含主语的指认方向虽然可不同,即隐含的主语可以指向前现句段,如例(41);也可指向后续句段,如例(43);或前后两者兼而有之,如例(42),因此,呈现一定的交叉性特征，但"均受指于其他句段的定语成分"这一基本事实不变，故属"定语同指"类别。

需要指出的是，这种定语成分往往依附于其所在句段的主语，并且往往可将主语和定语之间的定语标志"的"省去，从而形成标准的主谓谓语句，如"祥子心中很乱""她手心"和"姜冰心里"等，相关论述可参阅陈平（2017a：153-154）。本书在此将其隐含的主语指认成分视为定语，暂且不作细致区别，因此，此类句式可划入"定语同指流水句"之列（崔靓、王文斌，2019：98-99）。

可以看出，以上三类流水句均为主语指认较为单纯的例证，即隐含的主语往往来自同一种句子成分类型，但在汉语的现实语料中，主语指认的情况往往更为复杂，句段隐含的主语可能来自多种句子成分类型，形成交叉指认的局面，例如：

(44) ①他$_i$见水响中，②∅$_i$见一条蛇撺出去，③∅$_i$认得是大圣，④∅$_i$急转身，⑤∅$_i$又变了一只朱绣顶的灰鹤$_j$，⑥∅$_j$伸着一个长嘴$_k$，⑦∅$_k$与一把尖头铁钳子相似，⑧∅$_j$径来吃这水蛇。

（吴承恩，《西游记》第6回）

(45) ①$_i$拉到了地点，②祥子$_i$的衣裤$_j$都拧得出汗$_k$来，③∅$_k$哗哗的，④∅$_j$像刚从水盆里捞出来的。

（老舍，《骆驼祥子》）

(46) ①那怪$_i$转过眼来，②∅$_i$看见行者$_j$呲牙俫嘴，③∅$_j$火眼金睛，④∅$_j$磕头毛脸，⑤∅$_j$就是个活雷公$_k$相似，⑥∅$_k$慌得他$_i$手麻脚软，⑦∅$_i$划剌的一声，⑧∅$_i$挣破了衣服，⑨∅$_i$化狂风脱身而去。

（吴承恩，《西游记》第18回）

例（44）的主语指认情况较为繁复，该句内部一共包含3个不同的隐含主语，暗中切换、交替指认。首先，句段②③④⑤的主语均承接于句段①的主语"他",而句段⑥的隐含主语则承接于句段⑤中的宾语"灰鹤",句段⑦的隐含主语则承接于句段⑥中的宾语"长嘴",而句段⑧的主语则跨越了句段⑥⑦回指到句段⑤的宾语"灰鹤"。该句总共含纳了3个隐含主语,其内部所指交错纵横,有"主语"和"宾语"两种类型。

例(45)虽然短小精悍,但是内部隐含主语的指认情况并不简单。具体来讲,句段①的主语来自后续句段的定语成分"祥子",该定语依附于句段②的主语"衣裤",句段③的主语则承接前句的宾语"汗"而隐去,句段④的主语受句段②中"衣裤"的指认。由此可见,全句包含3个隐性主语,暗中更迭,但均可从句段②找到具体所指,分别属于"定语""宾语"和"主语"3种句段成分类型,彼此之间的衔接似无缝天衣般,十分自然、不着痕迹,足显老舍先生文笔了得,更见汉语主语强大的隐含功能,以及承指和蒙指之妙。

例(46)中句段的隐含主语同样如此,同时来自其他句段的主语"那怪"、宾语"行者"和表语"活雷公"3种句段成分,呈现十分复杂的主语指认方式,在实际应用中也极为常见。因此,这种句段中隐去的主语,交叉指认频繁,同时受两种及以上的句段成分指认,表现为多种句法成分类型的混合,这种流水句也被称为"异指流水句"(崔靓、王文斌,2019:99-100)。

3.5.3 从"句段主语时常隐含"判定流水句

通过上文分析,我们可以看出,隐含主语与显现主语之间的交叉指认对于流水句联结各小句具有重要意义。并且,这种交叉指认发生的位置十分灵活,隐含的主语可以位于句首、句中和句尾;指认的方向可以是回指到之前的句段,也可以是指向后续的句段;可以发生于相邻的句段之间,也可存在于位置更远的句段,实现跨句段的主语指认。隐含主语指认的句法成分也有多种选择,如其他句段的主语、宾语、定语等，隐含的主语可以全部指认同一种成分类型，也可以多种类型指认共存。

由此可见，流水句句段主语呈现鲜明的隐含特性，这种隐含的普遍使用使得流水句句构的外在形式显得较为松散，加之主语指认的灵活交叉，进一步凸显了流水句的典型特征。流水句句构的这一表征方式也曾引起以往学者（吴竟存、梁伯枢，1992，徐思益2002）的关注，将其视为判定流水句十分关键的要素，即虽然有些句子使用了显性关联词语，但是鉴于句内主语隐含及其指认特征的典型性，仍可以将其视为流水句，例如：

(47) ①他们的车破，②跑得慢，③**所以**得多走路，④少要钱。

（吴竟存、梁伯枢，1992：329）

(48)（他决定去拉车，就拉车去了。赁了辆破车，他先练练腿。第一天没拉着什么钱。）①第二天的生意不错，②**可是**躺了两天，③他的脚脖子肿得像两条瓢子似的，④再也抬不起来。

（徐思益，2002：13）

以(47)为例，该句中句段③的开头虽然使用了关联词"所以"，但是句内存在明显的主语隐含指认，句段②的主语承前省略，指的是句段①的主语"他们的车"，句段③和④的主语是承接句段①中的定语"他们"而隐含，属于承前定语为主语，蕴含了典型的主语隐含及指认特点。吴竟存和梁伯枢（1992：330）在分析时也指出，该句使用了显性关联词语"所以"，本应属于因果复句，然而该句又"隔句承前，承接其他句子的定语作主语"，体现了流水句的某些特点，所以也应视为流水句。例(48)同样如此，我们曾于本书3.3一节中提到过，用例(15)表示，在此不再详细分析。

当然，在此需要指出的是，例(47)和例(48)之所以为流水句，"句段主语隐含"这一要素起到了重要作用，却不是唯一作用，判定句子是否为流水句还应综合考虑"句段句式类型是否多样"和"是否使用显性关联词语"等。然而，通过以上分析也不难看出，句段主语隐含的重要性不容小觑。

关于流水句的这一典型表征，以往学界也有所涉及，王力先生就曾指出（2015：39）："汉语主语非为中国语法所需求，凡主语显然可知时，以不用为常"，"流水句很多都是由一连串零形式话题小句组成的句组"（聂仁发，2009：58），"如果后句的话题都以零形指代的方式出现，就形成了汉语很有特色的一种流水句"（邵敬敏，2016）。对于这些学者的观察，我们应该给予高度的重视。

概言之，我们认为，流水句句段主语时常隐含并承前或蒙后其他句段中的某一个或某些成分为主语，是流水句句构表征的一大特色，而主语的隐含势必会造成零句的出现，从而进一步加强句子的零散特征。因此，我们认为，影响流水句判定的另一要素为：句段主语的隐含。在一个句子中，隐含的主语越多，隐含主语的指认方式越复杂，包括指认位置和指认成分，句子的零散特征就越强，这样的流水句就越典型。

3.6 要素四：多个不同主语共现

上文已将以往流水句句构特征研究中涉及的三个方面，即"一般不用关联词语""句段句式类型多样"和"句段主语时常隐含"，进行了逐一分析。现在回到本章开篇时提出的问题，例（4）和例（5）全部由主谓齐全的整句句段构成，组构方式具有一定的独特性，为方便分析，现重新举两例如下：

（49）**云**还没铺满了天，**地上**已经很黑，**极亮极热的晴午**忽然变成了黑夜似的。

（老舍，《骆驼祥子》）

（50）<u>撑船的</u>和人们亲热地打着招呼，<u>花轱辘马车</u>上了摆渡，<u>小青骡子</u>单由赶车的牵着，<u>人们</u>坐好，<u>船</u>就开动了。

（魏巍，《东方》）

可以看出，例（49）和例（50）均由整句句段构成。若按高宁（2016：85）的分析，完全由整句组成，则"彻底抽掉了流水句的基础——零句。没有零句的存在，便没有流水句可言"，因此，高宁将这类句子视为普通复句，属于非流水句行列。经研究发现，以往学界虽然对这一表达鲜有明确的阐释，但是大多将其默认为流水句。笔者认为，这类句式不仅是流水句，还显示了流水句另一个重要特征"多个不同主语共现"，并将其作为流水句的判定要素之一提出。

3.6.1 多主语共现的汉英对比

多个不同主语共现，若从汉英对比这一角度审视，也许会带来新的启示。汉语流水句作为汉语的特色表征方式，在使用中非常普遍，如果对比英语中具有流水句类似特征的句式表征，我们发现英语中存在"run-on sentence"的概念。

> Run-on sentence：A grammatically faulty sentence in which two or more main or independent clauses are joined without a word to connect them or a punctuation mark to separate them.（赫希，约瑟夫·凯特，詹姆斯·特雷菲尔，2002：159）
>
> Run-on sentences are syntactically flawed sentences consisting of two or more independent clauses incorrectly or infelicitously merged into one. The most frequently encountered run-on is the one often called a comma fault, where in a comma is used to splice together two independent clauses.（威尔逊，1993：377）

根据上文这两个定义可以看出，"run-on sentence"在英语中往往被视为一种语法错误或句法缺陷（grammatically faulty 或 syntactically flawed），具体表现为用逗号将两个或更多的独立小句直接联结在一起，中间没有使用连接词语，也没有其他标点符号使其分开，例如：

(51) The fog was thick he could not find his way home.

例（51）中包含两个独立的小句"The fog was thick"和"he could not find his way home"，按照赵元任先生的说法，这两个小句是主谓齐全的整句，在句子中可以担当主句。但是，在英语中，如果直接将两个小句堆叠在一起，中间没有任何关联词语连接，则被视为一种语法错误，是不被允许的。而且，根据维基百科的解释，英语中的"run-on sentence"不符合书写规范，往往算作表达错误，其应用范围十分有限。

既然作为一种语法错误或句法缺陷，对其修改通常有三种方法：一是在两个独立小句中间添加显性关联词语，如例（52）；二是用分号将两个小句分离，如例（53）；三是在第一个小句之后用句号，作为一句话的结束，然后将第二个小句的首字母大写，作为一个新句子的开始，从而使其成为两个独立的句子，如例（54）。

(52) The fog was thick, and he could not find his way home.

(53) The fog was thick; he could not find his way home.

(54) The fog was thick. He could not find his way home.

通过具有相似性的汉英流水句的对比，我们发现，汉语流水句可以直接将主语不同的整句句段进行堆叠，中间可以不用显性关联词便能外显其逻辑关系，但在英语中这种表述方式就被视为一种语法错误，需要借助关联词语或者分号进行区别。可见，汉语流水句的确是一种迥异于英语表达的构句方式，尤其是当句段为主谓齐全的整句时，可以直接进行拼接。对此，王力先生（1936/2000：24）有言：

我们对于某一族语的文法的研究，不难在把另一族语相比较以证明其相同之点，而难在就本族语里寻求其与世界诸族语相异之点。……我们尤其应该注意：别人家里没有的东西，我们家里不见得就没有。如果因为西洋没有竹夫人，就忽略了我们家里竹夫人的存在，就不对了。

由此，本国人觉得平平无奇的，外国人读了，若觉得很特别，那么，这正是很值得叙述的地方（1936/2000：24）。因此，不能因为汉语母语者对"主语不同的整句直接进行拼接"这一构句方式习以为常，便忽视了汉语句构特征的特殊性，这一点通过对比英语可以看得更清晰。因此，在没有显性关联词语的情况下，主语不同的多个整句句段进行铺排，这样的句子也应该属于流水句行列，这是以往流水句研究所忽视的地方。只有关注"汉有英无"的语言现象，我们才能洞见"华文所独"，这也是汉英语言对比的应有之义。

3.6.2 从"多个不同主语共现"判定流水句

在此需要指出的是，虽然"句段主语时常隐含"是汉语主语以不用为常的特色表征，但是它与"多个不同主语共现"不是非此即彼、相互排斥的关系，两者互为补充，分别代表流水句主语的不同情况，适用于不同场景。一般来说，若句子论述的是同一对象，即各句段共享同一主语，围绕该主语层层展开，那么，在这种情况下，主语通常不会一一俱显，而是在个别句段中隐而不显。如果是对多个不同对象进行陈述，即各句段分述不同主语，那么在没有清晰上下文时，每个主语至少需要外显一次。对此，陈建民（1986：35）也指出："流水句中，主语不同的小句，需要把一个一个的主语说出来。"

虽然学界对流水句主语的隐含与指认关注较多，对外显的主语谈论较少，但是并不能因此轻忽这一类型的流水句，"多个不同主语共现"理应作为一项典型要素在流水句的判定中发挥作用。究其本质,"句段主语时常隐含"与"多个不同主语共现"均为流水句零散特征的有力呈现,只是侧重有异。具体来看,"句段主语隐含"体现的是"零"的效果,即隐含主语的句段在形式上是主谓不齐全的零句,外在形式显得较为零碎;而"多个不同主语共现"凸显的是"散"的状态,因为一个句子对多个对象进行散点式的描述,相比于瞄准同一对象,句式在整体上往往显得松散、疏离。试将上文例(49)、例(50)与例(55)进行比较:

(55) <u>京剧导演郭庆春</u>就着一碟猪耳朵喝了二两酒,咬着一条顶花带刺的黄瓜,吃了半斤过了凉水的麻酱面,叼着前门烟,捏了一把芭蕉扇,坐在阳台上的竹躺椅上乘凉。

(吴竞存、梁伯枢,1992:317)

不难看出,例(55)各句段均围绕句首主语"京剧导演"展开,一系列动作一气呵成,衔接紧凑,将其悠闲自在的状态刻画得淋漓尽致。而例(49)和例(50)则随着视点的转移变换不同的对象,移步易景,是汉语流散型语段扩展的典型写照,相比例(55)对同一主语的隐含和承接,这种外显主语随视点而更迭的铺排方式更为流散、疏放。这种描写手法类似于中国画里的散点透视,对此申小龙(1988:448)指出:"在画山水时,把视点逐步向前移。作者从这山转到那山,步步看,面面观,前顾后盼,左看右看,把众多的景物集中经营在一个画面上。"这也是汉语语言表征与中国绘画一脉相通、同脉相承的体现(启功,1980;王文斌、崔靓,2016)。

然而,在此需要指出的是,还有一类特殊的句式,也符合多个不同主语的整句句段直接堆叠的特点,但却不应算作流水句行列,试看以下三个例句:

(56) 小李是湖南人,小王是湖南人,小张也是湖南人。

(范晓、张豫峰,《语法理论纲要》)

(57) 山朗润起来了，水涨起来了，太阳的脸红起来了。

（朱自清，《春》）

(58) 个儿矮的山东人惊了，那个山西姘头也惊了，老布老赖惊了，店里吃饭的人全惊了。

（刘震云，《一句顶一万句》）

通过以上各例可以看出，例（56）分别对"小李、小王和小张"进行描述，均系不同的主语，因而由三个整句构成，中间没有使用显性关联词语，直接进行堆叠。而例（57）和例（58）同样如此。这三个例子满足了"多个不同主语共现"这一要素，但问题在于，这种类型的句子，我们已于本章3.3.2提及，句式结构整齐划一，易于把握，是典型的排比句，与流水句的本质属性——零散性不符，因此也不应视为流水句。

3.7 小　结

针对本章一开始提出的前两个问题，即"流水句的判定到底需要考虑哪些要素？"和"这些要素共同反映了流水句怎样的本质属性？"经分析，笔者认为，流水句判定需要综合考量四个要素："一般不用关联词语""句段句式类型多样""句段主语时常隐含"和"多个不同主语共现"。这四个要素共同反映了流水句的本质属性为零散性，具体表现在"零"和"散"两个层面。

"零"对应"句段主语时常隐含"和"句段句式类型多样"。前者指流水句的句段主语时常隐含，与主谓齐全的整句相比，是隐含了主语的零句，外在形式较为零碎；后者指零句可以直接作流水句句段，也可以组成整句句段，多种形式均可参与流水句的构建。

"散"对应"一般不用关联词语"和"多个不同主语共现"。前者指句段之间罕用关联词，外在结构比较松散；后者指分述不同主语的整句句段铺排并置，对多个对象进行散点式地堆叠，句式整体显得流散疏放。

因此，如果一个句子具备的要素越多，零散性越强，那么，其作为流水句的属性就越典型；反之，其典型性就越低。最典型的流水句应具备所有的要素，是流水句范畴的原型成员。基于以上分析，我们在此来回答第三个问题"流水句到底应该如何界定？"笔者将流水句重新界定为：**流水句是具有零散特征的多个句段的组合**。

不过，我们在研究中还发现，流水句的四个判定要素之间具有一定的层级性，即四个要素在流水句的具体判定中发挥的作用并不相同，对此我们拟于第四章展开详细分析。

第四章

判定要素的层级性及识别机制

4.1 引　言

　　上文提及，目前学界对何谓流水句这一问题，可谓众说纷纭，至今尚无定论，对流水句的范围和属性等问题，各家更是见仁见智。纵览以往文献，笔者发现，流水句研究主要存在以下两大不足：一是流水句的判定尚存争议，基于直觉的流水句识别，易受主观因素影响，同时面临见仁见智的挑战，其根本原因在于尚未形成兼具操作简便性和可重复性的识别机制；二是其研究目前多以定性分析为主，基于内省反思或文学语料考察流水句的某一个侧面，鲜见基于一定规模语料的定量分析。

　　针对流水句的直觉识别困境，笔者于第三章提出，判定一个句子是否为流水句，需综合考虑四个要素，即是否满足"一般不用关联词语""句段句式类型多样""句段主语时常隐含"和"多个不同主语共现"，但这四个要素在流水句判定中具体发挥怎样的作用，以及彼此是否具有层级性，并未详细阐释。鉴于此，本章拟结合定量和定性分析，基于流水句结构特征的量化数据，进一步挖掘流水句判定要素的层级性特点，试图提出流水句甄别的标准，其规律为"四三常规、二一受限"[①]，据此揭示流水句的识别机制。

4.2 研究设计

4.2.1 语料来源

本书的分析语料均取自以往学界在流水句研究中举过的例句。除了两个句段构成的短句，如"他头偎在她胸前，没看见她脸上一红"（翁义明、王金平，2020），选取由三个及以上句段构成的长句，且仅限定在一个句号以内，不包括跨句界的句群，如"抗日战争时期，昆明小西门外。米市，菜市，肉市，柴驮子，炭驮子。马粪。粗细瓷碗，砂锅铁锅。焖鸡米线，烧饵块。金钱片腿，牛干巴。炒菜的油烟，炸辣子的呛人的气味。红黄蓝白黑，酸甜苦辣咸"（邬菊艳，2023）。经人工筛选，最终进入标注的流水句例句共390句。关于语料选取，本书在此作三点说明：

其一，之所以选取以往相关研究中的例句，是因为流水句判定要素的层级性有待探究，识别机制尚未建立。要解答这两个问题，若以新的流水句语料为分析对象，则有循环论证之嫌，毕竟流水句究竟该如何判定，学界尚未达成共识。鉴于此，我们基于以往研究流水句的例句，均为原作者仔细筛选，并确认过流水句身份的句子，通过对其进行身份再认定与定量分析，获取流水句语言表征的量化数据，或许由此得出的结论更为客观。

[①] 此处受王洪君（2002）在讨论汉语词的界定时提出的"二常规、三可容、一四受限"归纳方法的启发。或许流水句判定也有类似规律。

其二，流水句频繁出现在口语和书面语中，但以往研究较少区分这两种不同类型的语料。对此，徐晶凝（2023：58）也指出，在以往文献中，对流水句的定义并不完全一致。吕叔湘先生（1979/2013）所说的流水句常见于旧小说，而盛丽春（2016）、王文斌、赵朝永（2016，2017a，2017b）和李晋霞（2021）等研究的流水句也是书面语。但王维贤等人（1994）认为，流水句是一种口语现象。胡明扬、劲松（1989）所选例子则均来自剧本对白。为此，本书区别对待口语流水句与书面语流水句。考虑到在会话互动中，零句互动是根本原因，而零句互动正是很多汉语流水句的话语动因（沈家煊，2012；完权，2018；韩燕，2023），因此，本书暂且先探讨书面语例句，以期揭示更多流水句类型，然后再审视口语流水句。同理，所选语料也暂不包含影视作品中的对白和口译实践报告中的流水句，如"走，不早了，只有二十五分钟，叫他们把车子开出来，走吧"（胡明扬、劲松，1989：42）。

其三，之所以选取三个及三个以上句段的流水句，是因为两个句段构成的句子，句式较短，即便没有关联词语，其语义解读也并非难事，学界也不乏对由两个句段构成的无标志复句的探究。另外，最初吕叔湘先生（1979/2013：27）提出流水句是"一个小句接一个小句"，这种川流不息、连绵不绝的态势，在含有三个及三个以上句段的流水句中可以得到更好展现。对此，沈家煊（2021）也曾指出，流水句至少要有三个"小句"连缀，而且可断可连，而不是由两个"小句"组合成的复句。但是，笔者在语料筛选中发现，部分对流水句的研究将由两个句段构成的句子视为流水句，并加以分析，我们认为这种作法有待商榷。

4.2.2 研究问题

本章拟聚焦两个方面的问题：一是四个判定要素是否具有层级

性，彼此有哪些组合方式，在流水句判定中如何发挥作用？二是应该如何建构流水句识别机制？以上问题均是流水句身份识别的关键。

4.2.3 语料标注说明

本书基于第三章提出的流水句判定的四个要素，"一般不用关联词语""句段句式类型多样""句段主语时常隐含"和"多个不同主语共现"，对390个流水句进行逐一标注与分析。例如：

(1) ①拉到了地点，②祥子的衣裤都拧得出汗来，③哗哗的，④像刚从水盆里捞出来的。

（老舍，《骆驼祥子》）

不难看出，此句虽然短，但是也"五脏俱全"。①为动词性短语充当零句，主语隐而未现，向后指认②中的定语"祥子"，而②是该句唯一的整句句段，主语为"衣裤"，③是形容词性短语作零句，其主语指向②中的宾语"汗"，④同样是零句，主语跨句段指向②的主语"衣裤"。可见，例（1）句段类型多样，存在多个主语，或隐或显，隐含主语的指认也较为复杂，其间无一关联词衔接。因此，此句被标注为满足四个要素的流水句。而关于满足三个、两个和一个要素的流水句实例，我们于下文展开分析。

4.3 统计结果

基于上文的语料标记方法，本书对390个流水句进行逐一研判，根据要素满足的多寡及其组合方式，获取流水句语言特征的分布数据，得到表4.1，并以此为基础，绘制堆积扇形图，即图4.1，以方便阅览。

表4.1　流水句语言特征分布数据统计

要素数量	一般不用关联词语	句段句式类型多样	句段主语时常隐含	多个不同主语共现	小计（个）	总计（个）	比例（%）
四个要素	+	+	+	+	129	129	33.1
三个要素	−	+	+	+	127	205	52.6
	+	+	+	−	71		
	+	+	−	+	6		
	+	−	+	+	1		
两个要素	−	+	+	−	25	47	12.1
	+	−	−	+	13		
	+	+	−	−	4		
	+	−	+	−	2		
	−	−	+	+	2		
	−	+	−	+	1		
一个要素	−	−	−	+	6	9	2.3
	+	−	−	−	2		
	−	+	−	−	1		
	−	−	+	−	0		
频次合计	228	364	357	285	390	390	100

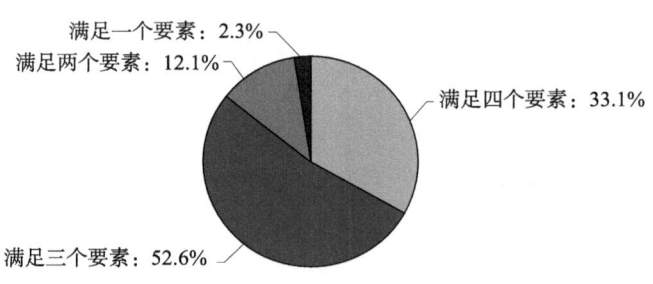

图4.1　满足不同要素的流水句类型分布

如表4.1和图4.1所示，就出现频次而言，四个要素均频繁出现于390个流水句中，即使是出现频次最少的"一般不用关联词语"

这一要素，也有 228 次，说明"四要素"的提出虽较为合理，但彼此的差异也较为显著。

具体来看，"句段句式类型多样"和"句段主语时常隐含"两个要素出现频次最高，分别是 364 次和 357 次，即在 390 个流水句中，有 364 个句子满足句段类型多样，357 个句子出现了句段主语隐含。据此，笔者认为，这两个要素在流水句判定中发挥主要作用，可一同视为关键要素。"多个不同主语共现"位居第三，共有 285 个句子存在多个不同主语，因此，该要素可视为流水句的辅助要素。而"一般不用关联词语"，虽然在以往流水句研究中提及最多，但是根据分布数据可得，这一要素的出现频次最低，仅 228 次，说明 390 个流水句中有 162 个句子使用显性关联词，占比为 41.5%。虽然流水句常不用关联词语，但是由于长期受印欧语的影响，近现代汉语使用关联词的情况越来越多，尤其对于语义关系较为复杂，或句式较长的句子，需要个别关联词的衔接。因此，"一般不用关联词语"在流水句判定中发挥的作用较低，笔者视其为边缘要素。

综上所述，我们认为，流水句判定需要综合考虑四个要素，且四个要素呈现一定的层级性，按其发挥作用的大小依次为句段句式类型多样 > 句段主语时常隐含 > 多个不同主语共现 > 一般不用关联词语。

根据表 4.1 和图 4.1，就要素组合方式而论，同时满足四个要素和三个要素的流水句最多，共 334 句，占所有流水句数量的 85.6%，据此，笔者将其归纳为"四三常规"，即满足四个或三个要素是流水句的常规现象，详见第四章的 4.4.1 和 4.4.2。而仅满足两个要素的流水句共 47 句，占所有流水句中的 12.1%；只具备一个要素，就很难算作流水句，但根据表 4.1 发现，有 9 个句子也划入了流水句的行列。那么，仅满足两个或一个要素的句子有何特殊之处？或者说，这类句式具备什么特点，使其在仅满足一个或两个要素的情况下仍为流水句？本书将其归结为"二一受限"，即仅满足一个或两个要素的流水句十分有限，具体论述见第四章的4.4.3和4.4.4。

4.4 讨论与分析

4.4.1 "四三常规"中满足四个要素的流水句

由上可知，同时满足四个要素的流水句占总数的33.1%，这一类型的流水句具备全部的零散特征，最典型。其结构表达式可抽象为 $S_1P_1+（S_1）P_2+S_2P_3+\cdots+（S_n）P_n$。其中，S 为句段主语，（S）为隐含的句段主语，SP 为整句句段，（S）P 为零句句段，谓语 P 可由动词性短语、名词性短语、形容词性短语和介词短语等多种形式充当。此外，即使是满足四个要素的典型流水句，在句构上也可以表现为对某一要素的侧重，有的流水句句段类型更为丰富，有的流水句主语隐含更加突出，彼此存在不同程度的差异。例如，例（2）~（4）在句段句式类型上呈现鲜明的多样性：

(2) ①两人讲来讲去，②JJ（酒吧名）已到，③门里门外，④绿女红男，⑤一踏进里面，⑥重金属节奏，⑦轰到地皮发抖，⑧不辨东南西北，⑨暗沉沉，⑩亮闪闪，⑪地方大，⑫人头攒动，⑬酣歌恒舞，⑭热火朝天。

(金宇澄,《繁花》)

(3) ①刀在手里翻飞，②一头肥猪，③转眼间变成一码码的肉条，④人们看得眼花缭乱，⑤争相叫好。

(刘震云,《一句顶一万句》)

(4) ①老蔡他哥老曾知道，②镇上一个开生药铺的，③叫蔡宝林，④左脸生一大瘊子，⑤嘴特能说，⑥得理不让人，⑦是一个死蛤蟆能缠出尿的人。

(刘震云,《一句顶一万句》)

可以看出，例（2）共有 14 个句段，其间无一关联词语，句段类型多样。具体来看，句段①②为整句句段，句段③④是两个四字短语并置，青年男女，衣着艳丽，大门里外，熙熙攘攘。句段⑤为零句句段，其隐含主语跨句段指向句段①的主语"两人"。其后，名词性短语构成的零句句段⑥，与动词性短语组成的零句⑦可以合二为一，显示音乐震耳欲聋。句段⑧为零句句段，隐含主语再次指向句段①中的"两人"，光怪陆离，让人难辨方位。句段⑨⑩两个形容词性短语并置，描写昏暗的环境，闪烁的灯光，对比鲜明。句段⑪⑫再为整句句段，舞池宽敞，人潮涌动；句段⑬⑭又是两个四字短语接续，一派纵情歌舞、热闹非凡的画面跃然纸上。由此可见，该句为同时具备四个要素的典型流水句，零散性十分明显。

与例（2）和例（3）的句式相比，明显较短，即使只有 5 个句段构成，该句仍然体现明显的零散特征，句式类型颇为多样。句段①为主谓齐全的整句句段，主语为"刀"，句段②为名词性短语，句段③为动词性短语，两个句段均为零句形式，句段④是主谓齐全的整句句段，主语为"人们"，最后一个句段⑤为动词性短语充任零句句段，5 个句段前后没有显性关联词语衔接。整句一共涉及两个不同的主语："刀"和"人们"，其中句段⑤的主语隐含，承接句段④的主语"人们"，隐而不显。

显然，尽管以上三个流水句句构形式各异，表现方式不同，但均能满足流水句的四个判定要素，尤其是句段句式类型的多样性，充分展示鲜明的零散特征。现在来看例（5）~例（7），通过观察，我们发现，以下三例在"句段主语隐含"这一要素上表现得十分突出，体现明显的零散特征。例如：

（5）①老王有个弟弟，②在哈尔滨工作，③前天给他去了一个电报，④说是孩子有病，⑤怕是急性肝炎，⑥估计这两天赶回北京。

（陈建民，1986：183）

(6) ①他继续设想，②鸡又生鸡，③用鸡卖钱，④钱买母牛，⑤母牛繁殖，⑥卖牛得钱，⑦用钱放债，⑧这么一连串的发财计划，⑨当然也不能算是生产的计划。

(马南邨，《燕山夜话》)

(7) ①我取完票，②在广场的角落里抽烟，③口罩是公司发的，④戴的时间久了，⑤口罩内起了层水汽，⑥拍在脸上，⑦凉丝丝的。

(《今日头条》)

具体来看，例（5）中句段①为主谓齐全的整句句段，主语为"老王"，句段②的主语承接上一句段的宾语"弟弟"而隐含，句段③的主语可能是句段①的主语"老王"，也可能是别人，指代并不十分明确，句段④的主语来自句段③中的"电报"，句段⑤的主语承接句段④中的"孩子"，隐而不显，句段⑥"估计"的主语是叙述者，而"这两天赶回北京"的小主语是句段①的"弟弟"。可以看出，虽然该句多个不同主语并存，但是句段的主语隐含十分频繁，交叉指认也较为复杂，可见其零散特征较强，是典型的流水句。

同样，例（6）一共由9个句段构成。其中，句段①和句段②均为整句句段，主语分别为"他"和"鸡"，句段③为动词性短语充任零句句段，主语跨句段指向句段①的主语"他"，句段④和句段⑤主谓齐全，主语为"钱"和"母牛"，句段⑥和句段⑦均为动词性短语，隐含的主语仍然指向句首的"他"，句段⑧为名词性短语，句段⑨为动词性短语，其主语为句段⑧中的名词性短语。可以看出，整个句子存在多个不同主语，主语隐含及指认情况较为复杂，呈现零散的句式特征。

不难看出，以上为满足四个判定要素的典型流水句，不同句式可能在不同层面有所侧重，但总体的零散本质均十分明显。

4.4.2 "四三常规"中满足三个要素的流水句

前文提及,满足三个要素的流水句数量最多,共 205 句,占总数的 52.6%,但根据要素组合方式满足三个要素的流水句,可分为四种不同类型,如表 4.2 所示。

表 4.2 满足三个要素的流水句组合方式分布

类型	一般不用关联词语	句段句式类型多样	句段主语时常隐含	多个不同主语共现	总计(个)
类型一	−	+	+	+	127
类型二	+	+	+	−	71
类型三	+	+	−	+	6
类型四	+	−	+	+	1
频次合计	78	204	199	134	205

不难看出,四种组合方式在数据分布上差异较大。前两种类型的流水句均满足"句段句式类型多样"和"句段主语时常隐含"两个关键要素,而且数量上占绝对优势,共 198 句,而后两种类型加起来只有 7 句。下文结合实例作具体说明。

4.4.2.1 满足除"一般不用关联词语"外的三个要素

在满足三个判定要素的流水句中,第一种类型的流水句数目最多,同时满足"句段句式类型多样""句段主语时常隐含"和"多个不同主语共现"三个要素,但内部使用了个别关联词语,因此,不满足"一般不用关联词语"。这一类型的流水句在结构表达式上表现为 $S_1P_1 + (S_1)P_2 + connec.S_2P_3 + (S_2)P_4 + \cdots + (S_n)P_n$,其中 connec. 即关联词语 connective,且关联词出现的位置也比较灵活,可以出现于句中,也可以出现在句首或句末。例如:

(8) ①他一脚门里，②一脚门外，③猛地滑了一跤，④咔嚓一声，⑤瓦石<u>又</u>碰得稀碎，⑥水流了一地。

（陈建民，1986）

(9) ①她仍然头上扎着白头绳，②乌裙，③蓝夹袄，④月白背心，⑤脸色青黄，⑥<u>只是</u>两颊上已经消失了血色，⑦顺着眼，⑧眼角上带些泪痕，⑨眼光也没有从前那样精神了。

（鲁迅，《祝福》）

(10) 听到顺心处，哈哈大笑，听到气愤处，叫娘骂老子，不知不觉，他们<u>就</u>要在火堆里烤熟小碗大的土豆，将皮剥了，塞在你手，食之，干面如栗，三口<u>就</u>得喝水，一个<u>便</u>可饱肚。

（贾平凹，《商州初录》）

现以例（8）为例展开分析。该句由 6 个句段构成，句段①②是主谓齐全的整句，句段③为动词性短语构成的零句，主语隐而未现，指向句段①的主语"他"，句段④为名词性短语作伴随，是东西摔碎的清脆声，句段⑤⑥又为整句，主语分别为"瓦石"和"水"。不难看出，该句句段类型多样，有多个主语，或隐或现，但句段⑤使用了显性关联词"又"，因此，该句满足除"一般不用关联词语"外的三个要素。

例（9）的句式类型也相当丰富，句段①为主谓齐全的整句，句段②③④连用三个名词性短语作为零句句段，句段⑤和⑥为整句句段，句段⑦是动词性短语，句段⑧和⑨为整句句段。由此可见，该句虽然围绕同一对象"她"展开，但是存在多种句式类型，几个动词性短语的主语隐而不显，并且存在多个不同主语，如"她""脸色""两颊上""眼角上"和"眼光"。整个句子的零散特征十分明显，由于句段⑥使用了显性关联词"只是"，因此，该句只满足三个要素，但并不影响其为典型的流水句。

4.4.2.2 满足除"多个不同主语共现"外的三个要素

这类流水句的数目仅次于第一种类型，具备"句段句式类型多样、句段主语时常隐含和一般不用关联词语"三个要素,但不满足"多个不同主语共现",其结构表达式可抽象为 $S_1P_1 + (S_1) P_2 + S_1P_3 + (S_1) P_4 + \cdots + (S_1) P_n$。其中,$S_1$ 为句段主语,且全句围绕这同一主语展开,(S_1) 为隐含的主语形式,隐含的主语可以出现在句首,也可以出现在句中或句末等不同位置,S_1P 为整句句段,$(S_1) P$ 为零句句段,谓语 P 可以由多种短语类型充当。

上文提及,这类流水句不存在多个不同主语,因此,往往围绕同一对象展开论述。可以由几个连续动作铺排,即同一主体支配的一系列动作相继发生,在句法上体现为连续动词性短语的堆叠;也可以是对同一人物或场景的描写,在句法上一般表现为名词性短语、形容词性短语或动词性短语的混合等。

在连续动作的铺排中,从主语的表现形式来看,可以是同指名词或名词性短语等显性形式,也可以是同指代词形式,还可以隐而不显,用同指零形式表示;显性主语的出现位置可以在句首,也可以在句中或句末,例如:

(11) ①<u>月光</u>真亮,②透过老柏树浓黑的枝叶,③洒在院子里,④斑斑点点。

(《史铁生小说选·奶奶的星星》)

(12) ①<u>这男人</u>油头滑面,②像浸油的枇杷核,③穿件青布大褂,④跟女人并肩而坐,⑤看不出是佣人。

(钱锺书,《围城》)

(13) <u>风</u>吹弯了路旁的树木,撕碎了店户的布幌,揭净了墙上的报单,遮昏了太阳,唱着,叫着,吼着,回荡着!

(老舍,《骆驼祥子》)

以上三例的主语分别由"月光""这男人"和"风"担任,均在句首显性出现一次,在后续句段中全部隐而不显。例(11)全句共享同一主语"月光",句段①为整句句段,句段②③为零句,由动词性短语担任，句段④是名词性短语构成的零句，其间无关联词衔接。可见，该句虽然无多个主语，但是多种句段围绕同一对象"月光"展开，零散特征明显。例（12）同样只有单一主语"这男人"，后接由句段②③⑤动词性短语和句段④介词短语组成的零句。下面我们看流水句的句段主语为同指代词形式，且出现在句中和句末的情况，例如：

（14）①走进自个儿的屋子，②**他**舒展开身子，③长叹一口气，④马上睡着了。

（老舍，《鼓书艺人》）

（15）①脱得光光的，②看着自己的肢体，③**他**觉得非常的羞愧。

（老舍，《骆驼祥子》）

可以看出，例（14）全句共享同一主语"他"，但该主语仅于句段②显性出现一次，其前后句段的主语均隐而不现，句段①的主语需要向后指认，句段③和④的句段需要向前回指。而例（15）的代词主语"他"则位于句末，句段①和②均蒙后隐含主语，向后指向句段③的主语。此外，流水句中的主语以同指名词性形式、同指代词形式和同指零形式交叉混合的情况，也十分常见。例如：

（16）怕什么有什么，**祥子**心里的惭愧与气闷凝成一团，登时立住了脚，呆在了那里，说不出话来，**他**傻看着虎姑娘。

（老舍，《骆驼祥子》）

（17）**他**可没有透出慌张来，走南闯北的多年了，**他**拿的住劲，走得更慢了。

（老舍，《上任》）

（18）**他**换上睡衣和拖鞋，拿起剃须刀架，打开洗澡间的顶灯和整容镜上的罩灯，**他**放了热水，把胡须剃了个干干净净。

（王维贤等，1994：299）

上文提及，这一类型的流水句可以表示连续动作的铺排，结构上表现为一系列动词性短语的堆叠，也可用于人物或场景的刻画描写，常由名词性短语、形容词性短语和主谓短语作谓语，句段句式类型更丰富，句子的零散特征也更明显。例如：

（19）①这媳妇长得很好看，②高高的鼻梁，③弯弯的眉，④额前一溜蓬松松的刘海。

（茹志鹃，《百合花》）

（20）①如今骑在马身上的是一位三十一二岁的战士，②高个儿，③宽肩膀，④颧骨隆起，⑤天庭饱满，⑥高鼻梁，⑦深眼窝，⑧浓眉毛，⑨一双炯炯有神的、正在向前边凝视和深思的大眼睛。

（姚雪垠，《李自成》）

（21）这汉子浓眉大眼，皮肤黝黑，肩膀宽阔，身材高大，站着像一座石塔，跑起来犹如一阵狂风。

（《今日头条》）

例（19）中句段①和句段④均为主谓齐全的整句句段，而句段②和句段③为名词性短语组成的零句句段，对"这媳妇"的外貌特征进行描写，整个句子均围绕"这媳妇"展开，并且句段之间没有显性关联词语联结。例（20）对"一位三十一二岁的战士"进行了外貌描写，句段②③为名词性短语，句段④⑤为主谓齐全的整句句段，但仍作主语"战士"的谓语，而句段⑥⑦⑧⑨均为零句句段，由名词性短语充当，可见整个句子内部的句式类型十分丰富，交错组合，零散特征明显。

4.4.2.3 满足除"句段主语时常隐含"外的三个要素

在满足三个要素的四种流水句中，以上两种类型的流水句，均同时满足两个关键要素，在数目上占据绝对优势，而另外两种类型的流水句，属于少数，加起来也只有 7 句，其中，仅不满足"句段主语时常隐含"的句子就有 6 个。从理论上讲，不满足主语隐含，句内就不会出现动词性短语构成的零句，而要满足句段类型多样，除整句句段外，需有其他短语形式构成的零句句段，如名词性短语、介词短语、形容词性短语等。其结构表达式可抽象为 $S_1P_1 + S_1P_2 + P_3 + S_2P_4 + \cdots + P_n$。其中，S 为句段主语，SP 为整句句段，P 为零句句段，且 P 不包含动词性短语。与其他类型的流水句相比，因为不满足"句段主语时常隐含"这一要素，所以其结构表达式中没有（S）形式。试看：

(22) ①原来那帐里，②象牙床上，③白嬷嬷的一堆骸骨，④骷髅有巴斗大，⑤腿挺骨有四五尺长。

（吴承恩，《西游记》第 50 回）

以（22）为例，该句虽然无主语隐含，但是句段多样性十分突出。整个句子由 5 个句段构成，其间无关联词衔接，句段①②为介词短语，空间上由大到小交代背景地点，层层递进，徐徐展开，句段③是名词性短语作零句，犹如近景特写，句段④⑤为整句，详细刻画句段③中的骸骨，随着镜头推进，嬷嬷白骨，赫然在目，给读者强烈的视觉冲击。可见，即使没有隐含主语，丰富的句段类型同样可以打造流水句流转灵动的语言态势，尤其是名词性短语的堆叠，在很大程度上增强了句子的零散性，使流水句特征更加典型。

其实，在名词性短语混杂句中，自然融合，是流水句零散句构的生动写照。对此，王文斌（2018：48）曾将独语句分为三类："一是名词或名词短语独立成句；二是名词或名词短语夹杂于流水句中，形成流水句的句段；三是若干名词或名词短语并列，用逗号隔开，最终以句号结句。"本书在此探讨的名词性短语担任零句句段，即属于第二种类型的独语句。在我们收集的语料中发现，名词性短语组成的零句可以位于句首，也可以位于句中或句末。先看以下名词性短语在句首的例子：

(23) ①半月春风，②草绿了，③桃花打苞了。

（张斌，2010：1044）

(24) ①骂声打声脚步声，②昏头昏脑的一大阵，③他爬起来，④赌摊不见了，⑤人们也不见了。

（鲁迅，《阿Q正传》）

可以看出，在例（23）句段①中"半月春风"为零句句段，由名词性短语构成，句段②③皆为主谓齐全的整句，主语分别为"草"和"桃花"，整个句子虽然存在多个主语，但是并没有隐含主语。此外，"半月春风"虽然是数量名结构，实则具有叙事功能，意为春风吹了半月，使得草绿了，桃花打苞了。在例（24）中，句段①②为名词性短语作零句句段，后接三个整句句段，主语分别为"他""赌摊"和"人们"，多个不同的主语一一俱显，没有主语隐含，且句段中间没有显性关联词联结。下面是名词性短语在句中的例子：

(25) ①闪电划出一个惊叹号，②一声闷雷，③大雨来了。

（钟道新，《超导》）

(26) ①院子里静悄悄的一点动静都没有，②褐色的梧桐，③翠绿的松柏，④冰冷的石凳，⑤池子里倒映着的漆黑的夜空，⑥门突然嘎吱一声开了。

（老舍，《骆驼祥子》）

可以看出，以上两例中的零句句段皆位于流水句的中间位置。在例（25）中，句段①和句段③分别为主语是"闪电"和"大雨"的整句句段，没有主语隐含，而句段②"一声闷雷"为名词性短语组成的零句句段，整个句子没有显性关联词联结，按时间顺序接连发生。例（26）是一段场景描写，句段①是主谓齐全的整句，主语为"院子里"，句段②③④为三个名词性短语的铺排，陈列院子里的景物，是零句句段，句段⑤⑥又为整句句段，主语分别是"池子里"

和"门",整个句子没有隐含主语的出现,且句式类型较为丰富,零散特征明显。下面两例是名词性短语的零句位于句末的情况,试看:

(27) ①柜台外面响起一阵打砸抢声,②重物坠地,③玻璃破碎,④沉重的喘息,⑤忙乱的脚步。

(刘洪波,《打工遭遇打劫》;《读者俱乐部》2004 年第 6 期)

在例(27)中,句段①②③均为整句句段,主谓齐全,有三个不同的主语,分别是"柜台外面""重物"和"玻璃",后接两个名词性短语"沉重的喘息""忙乱的脚步",声画结合,将混乱场面刻画得淋漓尽致。名词性短语兼具动态效果,增添了流水句句式的零碎感。整个流水句中没有主语的隐含,且句段之间并未使用显性的关联词语衔接,显示鲜明的零散特征,属于典型的流水句。

4.4.3 "二一受限"中满足两个要素的流水句

上文提及,只满足两个要素的流水句十分有限,仅 47 个,占总数的 12.1%,远低于满足三四个要素的流水句类型,再次印证了流水句"四三常规"的规律。而在满足两个要素的 47 个流水句中,也有六种不同的要素组合方式,详见表 4.3。

表 4.3 满足两个要素的流水句组合方式分布

类型	一般不用关联词语	句段句式类型多样	句段主语时常隐含	多个不同主语共现	总计(个)
类型一	-	+	+	-	25
类型二	+	-	-	+	13
类型三	+	+	-	-	4
类型四	+	-	+	-	2
类型五	-	-	+	+	2
类型六	-	+	-	+	1
频次合计	19	30	29	16	47

可见，数目最多的类型一依然是满足两个关键要素的流水句，共有 25 句，占 47 个句子的 50% 以上，而其他五种类型加起来不足 50%。那么，这些类型的流水句有何特点，使其在仅满足两个要素的情况下仍为流水句？它们彼此之间又有何差异？这是本节讨论的重点。

4.4.3.1 满足"句式类型多样"和"句段主语隐含"两个要素

先看数目最多的流水句类型，即满足"句段句式类型多样"和"句段主语时常隐含"两个关键要素，其句式表达与满足三个要素的 4.3.2.2 流水句类型二相类似，均围绕同一主语展开，且该主语或隐或现，但区别在于本节讨论的流水句使用了个别关联词语，其结构表达式为 $S_1P_1 + (S_1) P_2 + connec. S_1P_3 + (S_1) P_4 + \cdots + (S_1) P_n$。试看：

(28) ①那狗黄毛，②黑眼圈，③长身材，④细高腿，⑤特别地凶猛，⑥**要**咬住人，⑦**不**见点血腥味儿，⑧绝**不**撒嘴。

（陈平，2017）

(29) ①母亲走到郭祥身边，②从上到下打量着他，③围着他转了两三个磨磨儿，④**又**扳过他的脸凑近看看，⑤看着，⑥看着，⑦一头扎进郭祥怀里啜泣起来。

（魏巍，《东方》）

(30) 生活中的刘斯奋，乍看起来不像一个部长，**也**难说像一个作家，不高的个子，胖胖的身材，一副质朴宽厚的模样，**倒**有几分像是中学语文教师。

（曾常红，2014）

以（28）为例。句段①为整句，其主语"那狗"是全句唯一的主语，且仅在句段①中显现，在后续 7 个句段中全部隐而不显，满足"句段主语时常隐含",不满足"多个不同主语共现"。句段②~⑧为零句句段作谓语,句段②③④为名词性短语,句段⑤是形容词性短语,句段⑥⑦⑧为动词性短语,可见句段类型十分丰富。此外,⑥使用了连词"要",句段⑦⑧包含表示条件关系的关联结构"不 x,不 y"(姚小鹏,2011),两句段意为"如果不见点血腥味儿,那狗绝不撒嘴",所以不满足"一般不用关联词语"的特征。因此,该句是满足两个要素的流水句。

例(29)同样如此。该句由句首主谓齐全的整句句段,外加一系列动词性短语组成的零句句段构成。整个句子围绕同一主语"母亲",且这一主语仅在第一句段显性出现,在其余句段中全部隐而不显。鉴于多个动作的连续发生,句段④使用了显性关联词语"又",但这并不影响该句的零散特征,仍然是典型的流水句。

4.4.3.2 满足"多个不同主语共现"和"一般不用关联词语"两个要素

第二种类型的流水句较为特殊,虽然数目仅次于上一类型的流水句,占满足两个要素的流水句的约30%,但是句式上两个关键要素均未得到满足,呈现"多个不同主语共现"和"一般不用关联词语"的特点。具体来看,这类流水句往往是对多个不同对象展开陈述,在句构上表现为句式类型单一,均由主谓齐全的整句句段构成,因此,不满足"句式类型多样"和"句段主语隐含"。其结构表达式可抽象为 $S_1P_1 + S_1P_2 + S_2P_3 + S_2P_4 + \cdots + S_nP_n$。与满足四个要素的流水句类型相比,这一类别的流水句因其没有隐含的主语,故结构式中没有(S),又因其均由整句句段构成,故没有 P 表示的零句句段。

对于这一类型的流水句,崔靓(2023)曾专门将"多个不同主语共现"列为流水句的判定要素,认为"多个不同主语共现"凸显了流水句零散特征中"散"的状态,即对多个不同对象进行散点式的描述，视点不断更迭，句式结构更为流散、疏放。例如：

(31) <u>夏日的太阳</u>渐渐移到劳作人群的头顶，<u>炽热的阳光</u>直射在人们的头上、脸上、身上，<u>豆大的汗珠</u>不停地滴在没有水分的土地上。

（陈昌来，2000）

(32) <u>屋里</u>弥漫着一股火药味儿，<u>遍地</u>是被践踏乱了的干草，<u>草上</u>还有星星点点的几滴鲜血和几颗亮晶晶的手枪弹壳。

（峻青，《党员登记表》）

(33) <u>读书人家的子弟</u>熟悉笔墨，<u>木匠孩子</u>会玩斧凿，<u>兵家儿</u>早识刀枪。

（邓凌云，2005）

可以看出，以上例句均由整句句段组构而成，存在多个不同主语，对不同对象逐一进行描述，其间不用显性关联词衔接，全凭内在逻辑关系统摄。例（31）皆由整句句段构成，主语分别为"夏日的太阳""炽热的阳光"和"豆大的汗珠"，三个句段之间存在因果关系，因为"夏日的太阳"移到劳作人群的头顶，所以"炽热的阳光"直射人们，从而导致"豆大的汗珠"不停地滴下来，但句段之间没有使用显性关联词语衔接，全靠内在语义统摄。例（32）为静态描写，将屋里的场景如电影镜头般一一呈现，每个句段均为主谓齐全的整句。

此外，这一类型的流水句还有一种特殊形式，试看：

(34) ①院子的东面是一间<u>厨房</u>，②<u>厨房</u>中间放着一张<u>八仙桌</u>，③<u>桌子</u>上面放着一个<u>大盆</u>，④<u>盆</u>里盛着许多汤。

（陈昌来，《现代汉语句子》）

(35) 眼前是一片<u>小树林</u>，<u>树林</u>过去是一大片<u>农田</u>，<u>农田</u>尽处是那座不高的山。

（陈昌来，《现代汉语句子》）

(36) 地上是"皇宫花园"式的繁花细叶的**毯子**，**毯子中间**放着一个很矮的**大圆桌**，**桌**上供着一碗枝叶横斜的黄寿丹。

(Li, 2005：103)

可以看出，以上各句同样是由主谓齐全的整句句段构成，不存在句段句式多样，存在多个不同的显性主语，中间没有显性的关联词语衔接，也没有隐含的主语。此外，它们在结构上呈现一定的特殊性和规律性，即"前一句的结尾作后一句的起头，邻接的句子头尾蝉联，上递下接"，是一种常用的修辞方法，即顶真（陈望道1979：216）。现以例（34）为例，句段①的结尾"厨房"作句段②的主语，句段②的结尾"八仙桌"作句段③的主语，句段③的结尾"大盆"作句段④的主语，首尾相连、环环相扣，大有移步易景之感。

4.4.3.3 其他满足两个要素的流水句类型

剩下几种类型的流水句，数量较少，如满足"句段句式类型多样"和"一般不用关联词语"的类型三，句式同样由整句与零句混合而成。但与4.3.2.3中流水句不同的是，本节讨论的流水句类型是以零句句段为主，整句句段为辅。整句句段可以出现在句末，其结构式为 $P_1+P_2+P_3+P_4+\cdots+S_nP_n$，其中，P为零句句段，多由名词性短语担任，$S_nP_n$为整句句段；整句句段也可以出现在句首，其结构式为 $S_1P_1+P_2+P_3+P_4+\cdots+P_n$。因为不满足"句段主语时常隐含"这一要素，所以结构式中没有（S）的主语形式。试看：

(37) ①蔚蓝的晴空，②火红的彩霞，③雪白的大地，④苍绿的山林，⑤炊烟袅袅的小燕村，⑥山坡上蠕动的牛羊群，⑦<u>江山秀丽多姿</u>。

（曲波，《呼啸山庄》）

(38) 月光下的散步，田野中的悄悄话，<u>大柳终于有些陶醉于他</u>

第四章 判定要素的层级性及识别机制

<u>热烈如火的情语之中了</u>。

(储福金,《石门二柳》)

可以看出,以上两句并无多个主语,也无主语隐含,但名词性短语充当的零句句段铺排并置,甚至数目超过了整句句段。以例(37)为例,该句只有句段⑦为整句,其他句段皆为名词性短语构成的零句,晴空彩霞、白雪山林、村庄牛羊,群像堆叠,画面感生动。由此可知,这类流水句虽然是整句句段与零句句段掺杂,但是以名词性短语构成的零句为主,以意象堆叠为特色,零散性十足。但该句呈现鲜明的零散特征,直接将句段进行排列堆叠,是典型的流水句。此外,从语用功能上看,例(37)句末的整句句段是对零句句段所描述的场景进行总结,而例(38)中零句句段描述的场景,推动了句末整句句段代表的事件发生。下面再看以下整句句段位于句首的例子:

(39) <u>北京很美</u>,红墙,灰墙,景山上的高槲,北海的浅山浅水,幽静的小巷深处,广告林立的王府井大街。

(《收获》1981 年第 4 期)

(40) <u>星闪耀着</u>,红的星,绿的星,白的星。

(巴金,《春天里的秋天》)

例(39)中,位于句首的句段为主谓齐全的整句,而后面接连数个名词性短语堆叠,没有隐含的主语,也没有显性关联词语,可以看出,零句句段进一步解释说明了句首概括性的整句"北京很美"。例(40)同样如此,数个零句句段对句首的整句句段"星闪耀着"作补充说明,具体说明有不同颜色的"星"。

若说类型三是名词性短语承担重任,那么类型四则是动词性短语挑大梁,所有句段均由动词性短语构成,按要素分析,仅满足"句段主语时常隐含"和"一般不用关联词",试看:

(41) 草草把查过的箱子理好,叫了汽车准备到周经理家去住一夜，明天回乡。

（钱锺书，《围城》）

(42) 一边跑出跨院，跑出惠安馆，一路踢着小石块，看着我手上的红指甲，回到了家。

（林海音，《城南旧事》）

不难看出，以上两句都只有一个主语，且自始至终隐而未显，因此，所有句段都是动词性短语构成的零句，句式单一，故不能满足"句段句式类型多样"和"多个不同主语共现"的特点。但清一色的零句铺排和主语隐含同样展现了流水句属性，与之相似的是第五种类型，全部隐含的主语，也可能是暗指多个不同主语，例如：

(43) ①想起未婚妻高中读了一年书，②便不进学校，③在家实习家务，④等嫁过来做能干媳妇，⑤不由自主地对她厌恨。

（钱锺书，《围城》）

该句由五个句段构成，与例（41）和例（42）相似，句段均为动词性短语组成的零句，主语全部隐含，但不同在于例（43）暗含多个主语。句段①的隐含主语是前文交代的"方鸿渐"，句段②③④的主语是"未婚妻"，而句段⑤的主语又为"方鸿渐"，数次暗中更迭，读者借助语义判其所指，可见汉语隐含主语的强大指认之力，也是流水句内在语义关联的关键。综上可知，句段形式均为动词性零句的流水句，若主语全部隐含，可能是单一主语，也可能是多个主语并存。

基于上文分析，笔者认为，相比于满足三四个要素的流水句，仅满足两个要素的流水句，其句式结构较为受限，若不满足两个关键要素，则往往需要具备一定特点，如句段类型均为整句，围绕多个主语展开；或句段均为动词性短语作零句，不论是单一主语，还是多个主语，全部隐而不显。

第四章　判定要素的层级性及识别机制

4.4.4　"二一受限"中满足一个要素的流水句

一般而言，仅满足一个要素很难成为流水句，但分析发现，有9个句子例外。其中，仅满足"多个不同主语共现"这一辅助要素的流水句就有6个。例如：

（44）屋里弥漫着一股火药味儿，遍地是被践踏乱了的干草，草上<u>还</u>有星星点点的几滴鲜血和几颗亮晶晶的手枪弹壳。

（峻青，《党员登记表》）

（45）撑船的和人们亲热地打着招呼，花轱辘马车上了摆渡，小青骡子单由赶车的牵着，人们坐好，船<u>就</u>开动了。

（魏巍，《东方》）

不难发现，这类流水句与4.3.3.2满足两个要素的流水句类型二相似，均对多个主语展开逐一描述，移步易景，前后接续，但区别在于例（44）和例（45），使用了显性关联词。例（44）为静态描写，移步易景般描写数处场景，例（45）为动态描写，描绘岸边的生动情景，两例分别含有关联词"还"和"就"。可见，这类流水句脱胎于前者，但关联词的使用对其典型性有所影响。

无独有偶，例（46）同样脱胎于满足两个要素的流水句类型三，都满足"句段句式类型多样"这一关键要素，但区别在于例（46）也含关联词，例如：

（46）郁郁葱葱的校园，活力四射的赛场，青春飞扬的脸庞，这里的热烈气氛让操场边那棵有着几十年树龄的大香樟树<u>也</u>一起舞动起来。

（顾伟丽，《香樟树》）

还有两例较为特殊，按要素分析，则仅满足"不用关联词语"这一边缘要素，但其句构极具汉语特色，例如：

(47) 蓝天，白云，金黄的麦浪。

（黄伯荣、廖序东，2007）

(48) 绿色的浓荫，绿色的田野，绿色的雾一般的空气。

（曹禺，《日出》）

显然，两例句段类型较为单一，均为名词性短语，且难以分析得出主语，表现为多个意象并置，其间无关联词，即王文斌（2018）所说的第三种独语句类型：若干名词或名词短语并列，用逗号隔开，最终以句号结句。以往流水句研究很少论及这类句式，却是独特的汉语表达，体现了汉语对名词的强调。如郭绍虞（1985：328）所言："汉语语法的脉络往往是靠词组来显示，积词组而成句，而词组又以名词性词组为最。"申小龙（2008：171）也提及，"名词比动词更具体形象，状景抒情都特别适宜"。其实，流水句这一句式与古典诗词一脉相承，例如：

(49) 烟外一双燕子，雨中半树梨花。

（吴存，《木兰花慢》）

(50) 黄河远上白云间，一片孤城万仞山。

（王之涣，《凉州词》）

(51) 鸡声茅店月，人迹板桥霜。

（温庭筠，《商山早行》）

(52) 一川枫叶，两岸芦花。

（徐再思，《中吕·普天乐·西山夕照》）

可见，以上诗句皆为名词意象的铺排。汉语宛如中国画，对名物表现特有的偏爱，借助名词对景象、形象、物象、事象进行描摹与布排，塑造出名物意象空间化的视觉效果（王文斌、崔靓，2016：12）。可以说，自古以来流水句句构是汉民族语言表达的钟爱。

综上所述，仅满足一个要素的流水句，句式更受限。除名词性短语堆叠外，其他情况基本沿袭了满足两个要素的流水句结构规律，区别往往在于关联词的使用与否。

4.5 流水句识别机制

4.5.1 "一票否决"的情况

上文分别探讨了四个要素在流水句判定中发挥的作用，并对其组合方式作了具体分析。然而，在此需要说明的是，有些句子按照要素分析，虽然同样满足一、两个判定要素，但是由于句子自身的结构特点，如整齐划一的排比句，或层次分明的句式，如总—分—总结构、总—分结构和分—总结构等，与流水句零散的本质属性冲突，所以在流水句判定中直接"一票否决"，不再进行要素分析，按非流水句处理。

对于句式结构整齐划一的排比句，我们已于第三章3.3.2从"一般不用关联词"判定流水句和3.6.2从"多个不同主语共现"判定流水句进行过分析，故在此不再一一列举说明。下文主要分析结构层次分明的句式，先看"总—分—总"结构。这是文章写作和阅读中常见的一种结构类型，表示总叙和分述关系。往往是开头提出论点（开门见山），中间若干分论点，结尾总括论点，数个分论点之间可以是并列关系、层递关系、对比关系等。例如：

(53) ①这样看来，②<u>有两种</u>不完全的知识，③<u>一种是</u>现成书本上的知识，④<u>一种是</u>偏于感性和局部的知识，⑤<u>这二者</u>都有片面性。

（黄伯荣、廖序东，《现代汉语》）

例（53）为典型的"总—分—总"结构。其中，句段②总体介绍"有两种不完全的知识"，句段③"一种是……"和句段④"一种是……"分别陈述两种知识，最后一个句段⑤再次总体概括"这二者都有片面性"，结构清晰、一目了然。而"总—分"结构与之相比，只是没有结尾的总叙论点。这种句式同样广泛出现在议论文或说明文中，例如：

（54）紫禁城的城墙十米多高，有**四座城门**：**南面**午门，**北面**神武门，**东西面**东华门、西华门。

（黄传惕，《故宫博物院》）

（55）调查有**两种方法**：**一种**是走马观花，**一种**是下马观花。

（盛丽春，2016）

以上两例均为"总—分"结构，例（54）按空间方位描写，井然有序。例（55）花开两朵、各表一枝，有别于流水句里里拉拉、可断可连的零散特征，因此，这类层次清晰的特殊句式，不对其作要素分析，直接视为"非流水句"。"分—总"结构与"总—分"结构相反，即先分别陈述，再总体论述，例如：

（56）他**一个**孩子在北大读书，**一个**孩子在清华读书，**两个**孩子都很争气。

（陈昌来，2000）

（57）**张华**考上了北京大学，在化学系学习；**李萍**进了中等技术学校，读机械制造专业；**我**在百货公司当售货员：**我们**都有光明的前途。

（盛丽春，2016：63）

可以看出，与例（54）和例（55）结构相反，例（56）和例（57）是先分别叙述，再总体概括的"分—总"结构。但在写作原理上是一致的，即呈现层次分明的句构方式，具有一定的程式性，因此，这类句式同样不应算作流水句。

以上例句若按四个要素进行分析，它们一般满足"多个不同主语共现"和"不用关联词语"两个要素。然而，我们已于上文提及，使用关联词语是为了显示句子内部的逻辑关系，但这种逻辑关系的外显并不一定只能借助显性关联词,特殊的句子结构也能在不借助关联词的情况下,将句子内在的逻辑语义显现出来,而这种层次分明的句式特点本身就与流水句的零散特征相冲突。

此外,笔者已于第三章的 3.3.1 对关联词语的使用进行过讨论,过多使用关联词也会被"一票否决",例如:

(58) <u>可是</u>后来,<u>当</u>她三个强壮如牛的哥哥走过来<u>时</u>,我<u>才</u>吓一跳,我感到自己应该逃之夭夭了,<u>否则</u>我就会不得不娶她为妻。

(余华,《活着》)

(59) 邻村的那个孩子来报信<u>时</u>,她也在,<u>可</u>她听不到。

(余华,《活着》)

不难看出,以上两例虽然满足"多个不同主语共现"这一要素,但是均使用了多个<u>显</u>性关联词语,有违流水句的零散特征。因此,在判别其是否为流水句时,往往一票否决,无须再作要素分析。

综上所述,笔者指出,在流水句识别中,两种情况可直接实行"一票否决制",无须对其进行判定要素的分析:一是句构本身具有一定的特殊性,如结构整齐划一的排比句式,层次分明的总—分—总结构、总—分结构、分—总结构等;二是过多使用显性关联词语。这些句子往往从根本上有违流水句典型的零散特征,因此,归为非流水句行列。

4.5.2 基于层级性要素的识别机制

结合上文分析,并根据流水句"四三常规、二一受限"的规律,笔者提出流水句识别机制如下。

第一步:判断句子是否具有特殊的结构形式,如总—分—总结构、总—分结构、分—总结构、排比结构等,或有无过多关联词。

若是/有，则直接视为非流水句，不作下一步分析；若否/无，则进入第二步。

第二步：判断句子是否满足两个关键要素："句段类型多样"和"句段主语隐含"。若同时具备，则视为流水句；若不同时具备，则是否满足以下条件：

①句段均为整句，并存在多个主语；
②句段均为名词性短语构成的零句；
③句段均为动词性短语构成的零句；
④句段以零句为主，尤以名词性短语堆叠最为明显。

若满足条件①~④任何一条，则一般视为流水句。而关于关联词的使用与否，笔者认为，流水句中多半没有关联词，若出现个别关联词，则基本不影响流水句身份的认定，但其典型性可能降低。

4.6 小　结

流水句的识别困境在于其判定与识别尚缺乏较为统一的标准，流水句与非流水句的划分并不清晰。通过文献梳理与思辨相结合，笔者于第三章提出了流水句判定的四个要素，指出"四个要素"揭示的流水句的本质属性为零散性。继而我们对"流水句"进行了重新界定，将其定义为："流水句是具有零散特征的多个句段的组合。"

继而，笔者于第四章通过定量分析和定性分析相结合，揭示流水句的判定要素具有层级性特征，按其发挥作用的大小依次为：句段类型多样 > 句段主语隐含 > 存在多个主语 > 不用关联词。其中，"句段句式类型多样"和"句段主语时常隐含"为关键要素，"多个不同主语共现"为辅助要素，而"一般不用关联词语"为边缘要素。一个句子可能具备所有特征、一部分特征或少部分特征，因此，流水句的典型性也体现了明显的连续体（continuum）形式，最典型的流水句具有所有的零散特征，是流水句的原型成员。而不太典型的流水句具备的特征较少，但是它们仍属于流水句，只是其典型性有所降低。最后，本章基于流水句的层级性要素，以及流水句识别存在"四三常规、二一受限"的规律，依此提出流水句的识别机制，但是这仅为流水句识别探究的初步尝试，其适用性有待进一步验证。

至此，我们已讨论了流水句自身的相关问题，主要包括流水句的判定要素及其层级性、流水句的零散本质和重新界定。也许这一新定义尚不完全成熟，但至少能反映我们目前对流水句的认识及其研判结果，对本书接下来的第五章至第八章流水句内在组构方式的探究，能起到框定范围的作用。况且，即便我们的定义依然不够完善，也期待能为学界的相关研究提供借鉴。

第五章

话题链与流水句的组构

5.1 引　言

　　笔者已于上文分析，以往学界对流水句内在组构方式的探究较为薄弱，其中一部分原因在于，流水句至今尚无统一的界定，使其判定和甄别仍存在一定的分歧和模糊，造成许多非流水句混杂在流水句中，影响对流水句的进一步研究。因此，本书于第三章和第四章对流水句的判定要素和零散本质进行了较为详细地讨论，对流水句作了重新界定并指出，"零散性"是流水句的本质属性。那么，外在形式颇为零散的流水句是怎样通过内在方式得以联结的呢？换言之，流水句内在的组构方式到底是什么？对此，目前学界尚未给出明确的答案，这其实也是流水句研究需用心、用力之处。鉴于此，本书拟在后文加以探究。

　　之所以选择"话题链"对流水句的内在组构方式进行探究，主要原因有以下三个方面：

　　第一，本书已于第二章文献综述提及，传统的流水句研究往往囿于句法层面，主要是参照复句的分析思路对流水句进行审视，过于依赖显性关联词的使用。而以关联词推衍流水句内部的逻辑关系，对结构简单、关系词显豁的句式尚可，而对罕用关联词、结构较为复杂的长流水句却难以走通。所以，这一深受印欧语系语法影响的分析框架，并不完全见效于对流水句实际情况的描写和解释。

第二，流水句作为汉语构句方式的典型代表，体现了汉语独特的语言习惯，汉语作为一种"语篇倾向型"语言（Tsao，1979、1990；Chu，1998；Li，2005），功能和语用等因素在句法关系和篇章关系中都发挥重要作用。因此，流水句研究不能死守"句法"，故步自封。况且，流水句既然是一种长句，已然超过了对单个句子的研究范围，因此，以篇章思维进行审视十分有必要。

第三，一直以来，话题链作为汉语篇章最为有效的核心组织方式之一，是汉语篇章各小句有效联结的主要手段，这种观点被学界所普遍认可。此外，也有不少学者指出，汉语之所以能形成流水句，与话题链强大的语篇扩展功能分不开（Chu，1998；王静，2004、2006a、2006b；Li，2005）。因此，在多数情况下，话题链的研究对象就是流水句，只是有的话题链可以跨越句子界限，表现为跨句话题链，而本书的研究对象是流水句，以句号结句为界。

因此，如何借助篇章观念，从话题链的视角对流水句的内在组构方式进行探究，是本书试图解决的关键问题。然而，以往学界对这方面的探究尚显不足，或研究成果较为零散，究其原因，一方面，在于我们上文所分析的对流水句自身认识不清的问题；另一方面，与话题链研究中久未决断的问题也有相当大的关系。主要体现在以下两个方面：

其一，话题链的概念界定存在争议，以及话题链中的话题表现形式，如话题是否必须在链首显性出现，话题链中能否多次出现显性同指话题形式（即同指名词或同指代词形式），同一话题链中的零形式话题是否必须完全同指，目前这些问题均尚未达到统一的认识。

其二，话题链的研究大多囿于话题链本身，聚焦话题自身的延续性，对话题链中的插入成分明显关注不够。但是，流水句作为一种结构复杂且零散的句式,其构成往往不仅只有单一的话题链形式,句中插入其他成分的现象也时有发生。这些插入成分往往扮演不同的角色,发挥不同的作用,共同构成了流水句整体。这涉及话题链的层次性问题,是揭示流水句组构方式的关键所在,但学界对此研究尚显不足。

可以看出,第一方面的问题是话题链研究中的基础性议题,也关乎话题链的具体判定,我们拟于本章的 5.2 和 5.3 展开讨论。而第二方面的问题,涉及流水句的层次性,对该问题的探究有益于揭示流水句内在组构方式的全貌,我们拟于本章的 5.4 展开论述。

5.2 话题链的界定和话题表现

"话题链"(topic chain)这一概念最早出现于迪克森(Dixon, 1972:71):

> If a number of consecutive sentences in such a sequence have a common NP, with common referent, then they will form a topic chain: this entails each sentence being transformed into a form in which the common NP is topic NP, i.e. is in nominative case. This NP may only be stated once, at the beginning of the topic chain; optionally all or part of it may be repeated later in the chain. (Dixon, 1972:71)

根据 Dixon 对"话题链"(topic chain)的定义,如果几个连续的句子共享同一个名词性短语,且所指相同,那么这几个句子就组成了话题链。该名词短语可能仅在话题链之首显性出现一次,在后续语段中可能会再次重复该话题或话题的一部分。

而汉语话题链的研究始于 20 世纪 70 年代末,曹逢甫[①](Tsao,

---

① 曹逢甫实际用的是"主题""主题串"这一术语,但本书不作区分,一并使用"话题""话题链"术语。

1995：37-38）最先将话题链概念应用于汉语研究，提出了汉语话题链的概念。此后，学界围绕汉语话题链展开了系列研究，尤其对话题链中话题的表现形式，即话题用名词形式、代词形式和零形式表示及其出现因素进行了较为细致地探索，对零形式给予高度重视。因此，话题链的界定也往往围绕话题的表现形式展开，将零形式的连续使用视为话题链最显著的特点。

但这一认识也导致相当一部分学者（Li and Thompson，1981；Li Cherry I，1985；Li H，1995；Li，2005；屈承熹，2006、2018）认为，若无显性话题形式，包括名词形式和代词形式，与零回指形式照应，则往往不能视为话题链。此外，在话题链中，若零形式话题之后出现了同指的显性话题形式，则往往意味着话题链发生了断裂，不再将其视为同一话题链（Li，2005；屈承熹，2018）。此外，关于话题链中的话题是否必须在链首显性出现，并且是否只能在"链首"出现，也存在一定争议。

以上问题的产生均与话题链界定的标准有关。采取不同的界定标准得到的话题链也不尽相同，而这一基础性议题无疑会影响话题链在流水句内在组构方式中的具体应用。鉴于此，我们在此拟先对话题链的界定进行梳理和归纳，在此基础上，确定本书给出的话题链定义，从而更好地应用于流水句的内在组构研究，详见表5.1。

表 5.1　以往汉语话题链的界定

作者	定义	能否多次出现显性同指话题形式	链首是否必须出现显性话题
曹逢甫（1995：37-38）	由一个或多个语句组成，且以一个出现在句首的共同话题贯穿其间的语段	同指代词可以复现，同指名词不可以	是

续表

作者	定义	能否多次出现显性同指话题形式	链首是否必须出现显性话题
Li 和 Thompson（1981：659）	由多个语句组成，共享一个话题的语段，且该话题在第二个及之后的语句中以零形式出现	不可以	是
Li（2005：37）	话题链至少包括两个小句，小句之间，由显性话题 NP 与零形 NP 具有的同指关系连接	不可以	链首可以出现零形式
屈承熹（2006：252）	一组以零回指形式的话题连接起来的小句	不可以	链首可以出现零形式
曾敏、李治平（2008：96）	由一系列连续的具有相同所指对象的话题所在的小句构成的连续的小句串	可以	是
徐赳赳（2010/2014：315）	把两个以上具有回指性质的成分，在每个小句中充当话题的成分，连在一起组成话题链	可以	否
王建国（2013：20）	由共享一个话题的数个语句或句子组成，这些语句形成对该话题的连续述说	可以	链首可以出现隐性话题
孙坤（2015：75）	由共同话题引起一系列评述而构成的语言现象，突出表现为零形式的使用，零形式所指内容并非完全一致，但都共享部分话题，并允许显性共享话题形式出现	可以	否
杨彬（2016：75）	由具有同指关系的名词性回指、代词性回指和零回指三种形式的话题引领的，单个或多个小句联缀而成的话语链条，其中可能内嵌由意向动词或言说动词纳入的其他非同指话题所引领的子链，意向动词和言说动词在话题链中也可能处于缺省状态，而 ZA 与 PA 则可能出现于话题链的起始小句之首	可以	ZA 与 PA 可能出现于链首

续表

作者	定 义	能否多次出现显性同指话题形式	链首是否必须出现显性话题
吴碧宇（2015：前言）	在同一情节内认定，且链中不允许多次显性出现同指名词话题形式	不可以	显性或隐性话题形式
屈承熹（2018）	—	不可以	可以出现ZA，但不宜纳入定义
张培翠，孙文统（2023）	话题链中的链话题是一有定的名词词组，其出现在句首，与其后出现的零形式在语义上同指	不能	以显性话题形式出现在句首

首先，关于单个的句子能否构成话题链。通过表 5.1 可以看出，只有曹逢甫（1995）和杨彬（2016）认为："单个话题句也可视作一个话题链。可以从理论上认为其后续的链条为零形态，姑且称之为单环话题链（即由单个小句对话题进行评述或说明的话题链）。"但是其他学者（Li，2005；屈承熹，2006；孙坤，2015）一般不支持这一看法，他们大多认为，单句不能构成话题链，话题链必须包括至少两个小句。鉴于本书作者探讨的流水句是由至少三个句段构成，因此，本书在此与大多数学者的观点相同，认为单环话题链不能构成真正意义上的话题链。

其次，关于话题链首是否必须出现显性的话题形式。曹逢甫（1995）认为，话题链中的话题必须在链首显性出现，Li 和 Thompson（1981）、张培翠，孙文统（2023）与其想法一致，并认为，显性话题只能出现在链首，后续句段只能用同指零形式话题连接。但是随着研究的不断深入，越来越多的学者认可零形式后指的普遍性，即链首可以使用隐性话题（用零形式表示），而显性同指话题在后续语段中出现。笔者对这一观点也持赞成态度。

最后，关于显性同指话题能否在话题链中多次出现，学界往往存在两种不同的观点。一种观点（Li and Thompson，1981；Li H，1995；Li，2005；屈承熹，2006，2018）认为话题链只能以同指零形式话题接续，同一话题链中不能多次出现同指名词或代词形式。显性话题的出现意味话题链的断裂，同指名词或代词话题将构成新的话题链。例如：

（1）①<u>车夫们</u>ᵢ本来是看热闹，②∅ᵢ看见刘四爷骂祥子，③<u>大家</u>ᵢ还记着早晨那一场，④∅ᵢ觉得很痛快。⑤∅ᵢ及至听到老头子往外赶祥子，⑥<u>他们</u>ᵢ又向着他了——祥子受了那么多的累，过河拆桥，老头子翻脸不认人，⑦<u>他们</u>ᵢ替祥子不平。

（王建国，2013：4）

若按 Li 和 Thompson（1981）的观点，例（1）只有两个话题链，第一个话题链由句段①和②组成，以"车夫们"为话题在链首显性出现，在句段②中以同指零形式出现；第二个话题链以"大家"为话题，由句段③④和⑤组成，显性话题只在③链首出现，在句段④和句段⑤均为同指零形式。

而另一种观点则认为，只要各语段中的话题所指相同，那么话题形式不必拘泥于零形回指，如曹逢甫（1995）提出，话题链中无需删略同指名词而使用零形式，使用同指代词同样可以，但曹逢甫关于"不可以出现同指名词形式"的观点反映其话题观并不彻底。这一流派的更多学者（王建国，2013；孙坤，2015；杨彬，2016）表示，只要零形式、代词形式和名词形式所指相同，那么它们就可以在同一话题链中多次出现，话题链的延续与话题的表现形式无关，只与话题所指有关。

因此，按照曹逢甫（1995）的观点，例（1）同样存在两个话题链，第一个话题链与 Li 和 Thompson（1981）的观点一致，而第二个话题链却不同。因为曹逢甫将同指代词形式也纳入了话题链的连接方式，因此，句段③~⑦可以构成同一话题链，由"大家"为链首共享话题显性出现，在后续句段中以"他们"和同指零形式衔接。而如果按照第二种观点的普遍看法（王建国，2013；孙坤，2015；杨彬，2016）则认为，例（1）整体上可视为一个话题链，由共享话题"车夫们"在链首显性出现后，在后续句段中以同指名词"大家"、同指代词"他们"和零形式搭配联结，共同组成一个话题链。但该话题链中嵌入了其他成分，关于这一点我们拟于第七章内嵌式话题链展开论述。

由以上分析可以看出，选取不同视角对话题链的判定将产生较大区别。本书赞同第二种情况的多数观点，认为共同话题才是话题链的本质，若拘泥于话题的表现形式，认为话题链中多次出现显性同指话题就意味话题链的终结，则是对话题的语义延续不够重视的表现。

然而，在此需要说明的是，一般来说，汉语句子的主语以不用为常，尤其在指代明确的情况下，句子主语往往隐而不显，这一点在流水句中尤为突出。因此，尽管在同一话题链内，我们允许同指名词话题或同指代词话题的复现，但这并不意味着流水句的主语需要一一俱显，因为话题链中显性话题的复现往往会受语篇、认知等多种因素的影响。比如，为了避免指代不明的发生，可以加入同指代词或同指名词形式；或者当话题链中表达模式发生转变时，如状态描写、事件叙述、说明或论证等，则可以重新使用同指代词或名词形式；或者当话题链插入了其他内容后，在不引起歧义的前提下，可以继续使用零形式话题，但如果存在指代的模糊，则需要再次重提同指代词或名词。

笔者认为，在判断是否为同一话题链时，应该聚焦话题的语义延续，将"话题是否发生转换"作为判断话题链的唯一标准。正如王建国（2013：109）对"话题链"的界定："只要多个语句述说同一个话题，这些语句自然构成共享同一话题的话题链。"因此，关于话题链的话题表现形式，笔者认为，显性话题形式可以在链首出现，也可以不出现，而且允许链首使用隐性话题形式；而在话题链的后续语段中，同指话题可以使用零形式，也可以使用其他显性话题形式，而且只要话题本身没有发生转变，同一话题的语义具有延续性，那么话题的形式并不是关键因素。因为"话题"这一概念本身，就是关乎内容，而不是形式，因此，语义是我们需要顾及的核心要素，这是因为不论怎样界定"话题"，其关键要义就是指"谈论的主题"或"谈话的题目"，而"主题"和"题目"均与语义紧密相关，形式仅服务于语义。在英语中，所谓"topic"，就是指"the matter that is talked about in a sentence or a discourse"，可见，此处的"matter"是指句子或话语的内容，其实质就是语义。

5.3 同一话题链中的零形式是否同指

我们已于上文分析，话题链必须围绕同一话题展开，无须囿于话题形式，话题的语义延续才是话题链得以延伸的根本和保障。但孙坤（2015：73）提出了另一种看法，他认为"以往的话题链研究类型并不全面，基本集中在完全同指的零形式上，而忽视了非完全同指的零形式"，于是将话题链重新定义为"由共同话题引起一系列评述而构成的语言现象，其突出表现为零形式的使用，零形式所指内容并非完全一致，但都共享部分话题"。也就是说，孙坤的看法是话题链中的零形式可以不完全同指，共享部分话题也可以构成话题链，继而根据"零形式与话题链的关系"将话题链分为三种类型。请先看以下三个相关例句：

（2）①翠翠$_i$显得懂事了些，②∅$_i$为祖父煎了一罐大发药，③∅$_i$逼着祖父喝，④∅$_i$又在屋后菜园地里摘取蒜苗泡在米汤里作酸蒜苗。

（孙坤，2015：75）

(3) ①家乡ᵢ真好啊，②∅ᵢ土地芬芳，③∅ᵢ空气清新，此时，④∅ᵢ山花烂漫，⑤∅ᵢ景色宜人。

(孙坤，2015：75)

(4a) ①黄花麦果ⱼ通称鼠曲草，②∅ⱼ系菊科植物，③∅ⱼ叶ⱼ小微圆互生，④∅ⱼ表面有白毛，⑤∅ⱼ花ₖ黄色，⑥∅ₖ簇生梢头。

(孙坤，2015：75)

根据孙坤（2015）的分类，例（2）是"同指零形式话题链"，句段②③④中的零形式话题与链首显性话题"翠翠"所指一致，所有的零形式共指同一话题，属于传统话题链研究的常规类型，这是第一种类型。而例（3）和例（4）是孙坤增设的另外两种类别，前者属于"双名词型话题链"，后者属于"非完全同指零形式话题链"。

先看例（3），不难看出，该句的共享话题"家乡"在链首显性出现，而在其后的句段中，每一评述小句的句首均有另一个名词短语作分话题，分别为"土地、空气、山花、景色"，它们与链首总话题"家乡"形成了双名词结构（陈平，2004），这类双名词结构也被称为"话题结构"（徐烈炯、刘丹青，1998/2007）。从语义层面看，几个分话题与总话题之间具备"部分—整体"的关系。鉴于这种结构的特殊性，孙坤将这一种话题链单列一类，称为"双名词型话题链"。但如果我们从零形式的话题所指来看，可以看出，零形式所指依然相同，其特殊之处仅在于评述小句与总话题可以构成"双名词结构"。

再看例（4a），句段①②③⑤均围绕话题"黄花麦果"展开，其中的零形式话题所指相同。但句段④和句段⑥的零形式所指却不一致，前者指"黄花麦果叶"，后者指"黄花麦果花"，两者与总话题"黄花麦果"的内涵不同，但都与"黄花麦果"相关，也构成了"部分—整体"的关系，因此，孙坤将这种零形式不完全同指，但是都包含部分总话题的话题链类型，称为"非完全同指零形式"话题链。如果我们把例（4a）中的零形式话题显现出来，可以得到更直观的感受，在此将补全的句子标注为例（4b），例如：

(4b) ①黄花麦果通称鼠曲草，②（黄花麦果）系菊科植物，③（黄花麦果）叶小微圆互生，④（黄花麦果叶）表面有白毛，⑤（黄花麦果）花黄色，⑥（黄花麦果花）簇生梢头。

可以看出，话题全部显性出现的话题链也成了"双名词型"话题链。分话题"叶"和"花"与总话题"黄花麦果"构成"部分—整体"的关系。下面再看孙坤所举的"非完全同指零形式"话题链：

(5a) ①这个女孩$_i$，②∅$_i$眼睛$_j$啊很大，③∅$_j$很漂亮，④∅$_i$耳朵$_k$却很小，⑤∅$_k$很难看。（孙坤，2014）

(5b) ①这个女孩，②（女孩）眼睛啊很大，③（女孩眼睛）很漂亮，④（女孩）耳朵却很小，⑤（女孩耳朵）很难看。

根据孙坤（2014：58）的解释，"按以往研究的思路，例（5a）非常难处理，甚至有人怀疑这是否为话题链"。继而孙坤指出，若将例（5a）补全完整，得到例（5b）可以看出，句段②③④和句段⑤皆为双名词结构，但话题链中的零形式所指并不完全相同，有"女孩""女孩眼睛"和"女孩耳朵"三个不同的话题，但后两者都是总话题"女孩"的一部分，因此，孙坤认为，例（5a）可以构成一个话题链，并且是"非完全同指零形式"和"双名词型"话题链。

至此，通过以上梳理不难发现，根据孙坤的观点，"非完全同指零形式"话题链，其中的零形式所指虽然不一样，但是都共享同一总话题，而这一思路的必然结果，就是非完全同指零形式都潜在地蕴含双名词结构。但是，问题在于，尽管评述小句具有自身的子话题，但"双名词型话题链"在本质上是话题同指的，而"非完全同指零形式"话题链的零形式话题却不同指。

现在再以例（5）为例，即使零形式话题都包含总话题"女孩"，但以"女孩"为话题作进一步说明，与以"女孩眼睛"和"女孩耳朵"为话题进行说明，论述的对象显然发生了变化，即话题发生了转换。句段③是"女孩眼睛"很漂亮，而不是"女孩"很漂亮；句段⑤是"女孩耳朵"很难看，而不是"女孩"很难看。对总话题"女孩"进行的论述只有句段②"眼睛很大"和句段④"耳朵很小"，它们是"女孩"的一部分。我们曾于5.2一节进行过分析，话题链的本质在于话题同指，如果话题发生了转换，则意味着话题的语义延续性遭到了破坏，话题链也随之转变。尽管"女孩眼睛"与"女孩耳朵"均与"女孩"相关，存在"部分—整体"关系，但是话题毕竟变了，因此我们认为，例（4）和例（5）这样的句子并不应该视为内部层次一致的话题链，其内部话题存在断裂与接续的情况。

在以往的话题链研究中，也有学者注意到这一问题。比如，彭宣维（2001，2005）曾基于Halliday和Hasan（1976）、Hoey（1991）等人的衔接理论，以英语为语料构建了篇章话题链系统，并指出，话题[①]不仅能在语句（clause）之间发挥衔接作用，而且可以衔接句子（sentence），从而形成句群、段落、节和章等。而在彭宣维的话题链概念中，"重复性或同质性话题链"（repetitive/homogeneous topic chain）中的话题是同指的，即传统研究中的话题链类型，试看：

(6) We_i would watch the sun rise over the Atlantic, and $\emptyset_i$ drive down twenty miles of the broad white beach without $\emptyset_i$ seeing another living soul.

（彭宣维，2001：93）

例（6）中的共同话题为"we"，在链首显性出现，在其后语段

[①] 彭宣维在研究中将"话题"称为"主题"，但与本书的所指是一致的。为了方便叙述，我们在此统一使用"话题"这一术语。

中以零形式连接,其话题所指相一致。而在"非重复类话题链"(non-repetitive)中,话题却是不同指的,这些话题靠语义的相关关系(relevance)联结。具体来看,如果话题之间存在整体—部分、集体—个体、上义—下义的语义关系,则它们属于直接相关(direct relevance);如果语义之间没有直接相关,而是通过语境相关的异指话题,则属于间接相关(indirect relevance)关系,如图 5.1 所示。

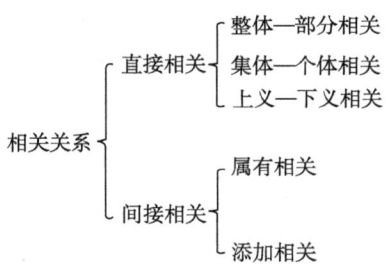

图 5.1 话题之间的相关性

再看间接相关关系的话题链,例如:

(7) <u>Animals</u> differ as to the disposition of the eggs after they mature. <u>Some</u> retain them within the body, where they are fertilized and undergo development, as is typical in mammals. <u>Others</u> retain the eggs within the body, where they are fertilized internally, and are shed from the body soon after. <u>Birds and many insects</u> display this behavior.

(彭宣维,2001:119)

(8) As she spoke, the sky to the left turned angry orange.

(彭宣维,2001:92)

根据彭宣维的观点,例(7)中的"some"和"others"与"animals"之间存在个体—集体的直接相关关系,而"birds and many insects"与"animals"之间存在下位—上位的直接相关关系,因此,可以形成一个话题链。而在例(8)中,按照彭宣维(2005:6)的观点:"有些句子的基本主题之间虽然没有具有重复意义的延伸关系,但语境和特定语义关系可以赋予它们发生具有主题链性质的发展模式。"因此,他认为,"she"与"sky"之间存在由语境——两个事件发生的同时性提供的间接相关关系,因此,可将"she"和"sky"当作话题并构成同一话题链。

同样,徐赳赳(2010/2014:315)将话题链定义为"把两个以上具有回指性质的成分,在每个小句中充当话题的成分,连在一起组成话题链",其中"回指"有狭义和广义之分,狭义是指成分所指完全相同,而广义包括"联想回指成分"(徐赳赳,2003b、2005),进而使其汉语话题链也有"严式"和"宽式"两种类型。其中,"严式"是指 Halliday 和 Hasan(1980)的同一链,即链中成分所指相同。而"宽式"指的是不但包括同指关系,还包括互指成分之间是联想关系,联想关系包括上下义关系和关联关系(徐赳赳,2010/2014:320-321)。以下是徐赳赳所举的例子,例如:

(9) 孙女士说,(气愤的)她脱下高跟凉鞋砸中保安,双方发生了第一次冲突。

(10) 虽然时隔多年,李亚乾回忆起那一幕,眼眶瞬间红了。

(11) 陈仲义人高马大,长相一般,穿着随意,朴实得不能再朴素,木讷得近乎迂腐,属于内秀型。

根据徐赳赳的分析,例(9)中"双方"指"孙女士"和"保安",因此,"双方"和"孙女士"构成上下义关系;例(10)中,"李亚乾"和"眼眶"也是上下义关系。例(11)中"陈仲义"和"长相"是关联关系。因此,以上三例属于宽式话题链。

而王建国(2013:201-203)对此进行了进一步细化并指出,通过话题语义的全部延续或部分延续,可以构建不同的话题结构,这是话题篇章功能最直接的体现。其中,话题语义的全部延续是指话题同指,而话题语义的部分延续则是不完全同指的话题,以此产生的新话题可以引出不同的话题结构，如新的话题链等。其中，不同指的话题与原话题之间存在上义—下义、集体—个体、整体—部分、领属—所属的语义关系。

通过以上分析可以看出，孙坤（2015）的"完全同指话题链"、彭宣维（2001）的"重复性或同质性话题链"、徐赳赳（2010/2014）的"严式话题链"，以及王建国（2013）的"话题语义的全部延伸"类似，要求其中的话题所指一致，这也符合传统的话题链研究，而孙坤（2015）的"非完全同指零形式话题链"、彭宣维（2001）的"非重复类话题链"、徐赳赳（2010/2014）的"宽式话题链"，以及王建国（2013）的"话题语义的部分延伸"类似，允许话题所指不完全相同。然而，若再作具体分析，我们便可以发现他们之间也存在差异。

彭宣维（2001）与徐赳赳（2010/2014）的话题覆盖面最广，他们将上下义关系和联想关系都纳入话题链范畴中，前者更进一步，将例（8）这种语境提供间接相关关系的情况也纳入了同一话题链中，但这种类型在解读上不免具有一定的主观性。而王建国（2013）只列举了"上义—下义""集体—个体""整体—部分""领属—所属"四种语义关系，并没有将联想关系纳入其中。而孙坤（2015）的话题判定范围更小，孙坤（2014：58）指出，虽然零形式话题所指内容可以不完全相同，但是都应该共享部分话题，如是话题的"所属或部分"等。由此，可以看出，孙坤所指的主要是"整体—部分"和"领属—所属"两种语义关系构成的话题链。但是，正如我们在上文的分析，具备这两种语义关系的"非完全同指零形式"话题链，在形式上往往具有一定的共性，即均为隐含的"双名词结构"。这一观点也可以在孙坤（2014）的另一篇文章中得到佐证，他在正式将这类话题链命名为"非完全同指零形式"话题链之前，曾将其描述为"双名词结构型"与"传统零形式型"的"两者交互型"。现在我们重新回到孙坤所举的例子，在此标记为例（12）和例（13）：

(12) ①黄花麦果$_i$通称鼠曲草，②∅$_i$系菊科植物，③∅$_i$叶$_j$小微圆互生，④∅$_j$表面有白毛，⑤∅$_i$花$_k$黄色，⑥∅$_k$簇生梢头。

（孙坤，2015：75）

(13) ①这个女孩$_i$，②∅$_i$眼睛$_j$啊很大，③∅$_j$很漂亮，④∅$_i$耳朵$_k$却很小，⑤∅$_k$很难看。

（孙坤，2014）

可以看出，"叶""花"与"黄花麦果"确为部分与整体的关系，"眼睛""耳朵"与"女孩"也存在所属和领属的语义关系。虽然零形式不完全同指，但是主要部分都是同指的，例（12）中均包含"黄花麦果"，例（13）中均包含"女孩"，也都构成了双名词结构。但另外两种语义关系，即"上义—下义"和"集体—个体"，则不能满足"共享部分话题"这一特点，例如：

(14) ①花儿漫山遍野地开了，②红彤彤的，③红梅花最多。

(15) 我们往前走去，有庆将糖纸叠得整整齐齐拿在手上，然后抬起脑袋问我：……

由例（14）、例（15）可以看出，在例（14）中，"花儿"与"红梅花"是上义与下义的语义关系，但句段③中的"红梅花"之前无法填补"花儿"，因此，句段③不能构成"双名词结构"，"红梅花"与前两句段也没有共享部分话题，句段①和句段②以"花儿"为话题，句段③以"红梅花"为话题。例（15）同样如此，"我们"与"有庆"构成了"集体"与"个体"的语义关系，但却不能构成双名词结构，因为"有庆"之前也不能填补"我们"，句段①以"我们"为话题，句段②和句段③以"有庆"为话题，它们之间难以满足"共享部分话题"的条件。由此可见，"上义—下义"和"集体—个体"难以补成双名词结构，也难以满足主要部分同指的要求，因为它们所指的内容并不相同，是围绕不同话题展开的话题结构。

鉴于此，我们认为，应该将王建国（2013）和孙坤（2015）的观点进行综合处理。一方面，笔者赞同王建国认为的"话题链中的话题必须同指"，这是话题链的根基，不能动摇；另一方面，对"上义—下义""集体—个体""整体—部分""领属—所属"四种语义关系，却不能等同看待。笔者认为，只有孙坤讨论的"整体—部分"和"领属—所属"语义关系内部可以延续话题，如"部分"可被视为只有是对"整体"的某一侧面进行说明，才能构成一个话题链，但是，如果再进一步聚焦"部分"作相关论述，则语义延续发展断裂，话题发生了转换，则不能再视为同一层次的话题链。如"叶""花"是"黄花麦果"的一部分，表示对"黄花麦果"的各个侧面进行描述，因此，句段①②⑤⑥可以构成一个话题链，但如果进一步聚焦"叶"展开再次说明"表面有白毛"，则话题发生了转变，使句段③和④构成了以"叶"为话题的新话题链。但是，孙坤却仍然将这种情况视为内部层次单一、话题一以贯之的话题链，这有失妥当。

因此，本书的处理方式是，将对"叶"作进一步说明的话题链的句段③④视为子话题链，将对"花"作进一步说明的话题链的句段⑤⑥视为另一个子话题链，两个子话题链内嵌于"黄花麦果"的主话题链中。因此，例（12）可以视为同一整体，但必须承认该话题链内部存在不同层次，是包含两个子话题链的内嵌链。这一现象涉及本章的 5.4 一节"话题链的层次性"，对此我们拟于下文再作具体分析。

然而，相比之下，值得关注的是，存在"集体—个体"和"上义—下义"语义关系的句子中，"集体"和"个体"、"上义词"和"下义词"本身即代表不同的话题，如"我们"与"我"是不同的话题，"花儿"跟"红梅花"也是不同话题，因此，构成不同的话题结构，不能从整体上视为同一话题链。

通过以上分析，不难看出，这一节的讨论涉及话题链的层次性问题。正是因为话题链内部存在不同的层次,才使其内部的话题呈现不同的关系,从而允许话题链可以一直延续,而这种接续的方式往往是隐含的,不同于外在的显性关联词语的使用。

5.4 话题链的层次性

关于话题链的层次性问题,以往学界不乏陈述。上文中王建国(2013)探讨的话题链的横向层次性,即根据同指话题的延续范围分为句子话题链、超句话题链和篇章话题链,以及话题链的纵向层次性,表现为不同指的话题与原话题存在上义—下义、集体—个体、整体—部分、领属—所属的语义关系,都是话题链层次的表现,在此与本章相关的是话题链层次为纵向层次性。此外,其他学者(曹逢甫,1995、2005;钱乃荣,1989;彭宣维,2005;屈承熹,2006)也从不同角度对话题链的层次进行过探究。如曹逢甫(1995,2005)把话题分为一级话题(primary topic)、二级话题(secondary topic)和三级话题(tertiary topic)等,并且一级话题比二级话题包括更大的辖域,即形成层层包孕的关系,例如:

(16) ①张先生$_i$事业作得很成功,②∅$_i$太太$_j$又贤惠又漂亮,③∅$_j$还烧得一手好菜,④∅$_i$是本地人人羡慕的对象。

(曹逢甫,2005:内容提要)

例(16)中,曹逢甫(2005)认为"张先生"为一级话题,构成一级话题链,而"太太"为二级话题,构成二级话题链。以"太太"为话题的二级话题链包孕在以"张先生"为话题的一级话题链中。Shi(1989,1992)也提出:"话题链可以成为句中的镶嵌成分(embedded constituent)。"彭宣维(2001)也论述过话题链中可以插入非链成分。屈承熹(2006:254-255)对话题链中的内嵌结构进行了较为细致的探讨。他认为，话题链内部可以插入其他成分，当插入成分也是话题链时，则称插入的成分为子话题链（sub-topic-chain），简称"子链"，而子链在其中出现的话题链，被称为"主话题链"（main topic chain），两者形成一种内嵌关系，子话题链内嵌于主话题链。例如：

(17) ①李四$_i$这个家伙，②我$_j$因为救他，③∅$_j$受了伤，④∅$_i$居然不来看我，⑤∅$_i$跑到纽约度假去了。

例（17）以"李四"为主话题链，该话题链由句段①④⑤构成，其中内嵌了由句段②和句段③构成的子话题链，以"我"为子话题。由此可以看出，曹逢甫（2005）讨论的一级话题包孕二级话题，拥有更大的辖域，与屈承熹论述的相似。只是，在曹逢甫的话题链中，句段②中的二级话题"太太"与句段①中的一级话题"张先生"构成"所属—领属"关系，也正因为此，句段②句首的零形式与一级话题"张先生"同指。如果用内嵌结构来分析，句段②和句段③构成的子话题链内嵌于句段①②④构成的主话题链中，两个话题链通过句段②连接，句段②的句首零形式与主话题"张先生"同指，而句段②的主语"太太"被句段③选取为话题，因此，构成了以"太太"为话题的子链。

而在屈承熹所讨论的内嵌结构中，主话题"李四"和子话题"我"之间并不存在语义关系，两个话题链之间依靠代词连接。主话题"李四"在句段①显性出现后，在句段②没有接续为话题，而是作句段②中"救"的宾语，而句段②的话题由新引入的"我"承担，与句段③形成子话题链，但"我"没有在句段④中继续作话题，而是作了句段④中"看"的宾语，句段④回到句段①中的话题"李四"，因此，句段①④⑤构成了包含子话题链的句段②③的主话题链。

此外，话题链中除内嵌话题链外，还可以插入普通的小句作为内嵌结构。以上所分析的例（16）和例（17）均为插入成分为话题

第五章 话题链与流水句的组构

链的情况,即主话题链中插入了子话题链,还有插入成分只是一个普通的小句的情况,试看:

(18) ①那个厨师ᵢ,②我ⱼ吃过他ᵢ做的菜,③∅ᵢ真有本事,④∅ᵢ把普通的东西做得非常好吃。

(Shi,1989:231)

可以看出,句段①③和句段④的论述均围绕"那个厨师"展开。然而,句段②作为一个插入小句,其话题与句段①并不一致,而是导入了两个名词形式"我"和"菜",两者都有可能作为后续语段的话题。然而,句段③选取了句段①的话题"那个厨师"展开论述,句段④接续进行。因此,可以看出,句段②仅作为插入小句对句段①进行了补充说明,句段①和②不构成话题链。如果,我们对其进行改编,比如:

(19) ①那个厨师,②我ⱼ吃过他做的菜,③∅ⱼ不太喜欢,④∅ⱼ就没再去那家餐馆。

[本书作者对例(18)的改编]

可以看出,句段②导入的两个名词成分"我"和"菜",两者均有可能作为后续语段的话题,但句段③选取了"我"为话题,句段③和句段④接续"我"的情况作了进一步的论述,因此句段②③和句段④构成同一个话题链,话题在句段②句首显性出现一次后,在后续句段均以同指性零形式表示。虽然句段①在句首导入了名词性成分"那个厨师",但是在后续句段中并没有被进一步选取为后续话题,仅出现在句段②的宾语"他做的菜"中。我们也可以将其改编为选取"菜"作后续话题的句子,例如:

(20) ①那个厨师,②我吃过他做的菜ᵢ,③∅ᵢ很咸,④∅ᵢ油也特别多。

[本书作者对例(18)的改编]

该句正好与例(19)情况相反,句段③的"很咸"和句段④的

131

"油也特别多"均围绕句段②中的"菜"展开,可以看出,句段③和句段④是选取了"菜"为接续话题,"菜"的语义得到了延续,并用同指零形式话题表示,因而句段②③和句段④组成一个话题链。

通过以上分析可以看出,话题链的层次性往往与话题链内部所插入的其他成分密切相关,进而对原来的话题链产生影响。这也是流水句复杂结构层次的典型表现,因此,对话题链内部插入成分的类型及其与话题链之间的关系进行探究,将有益于进一步揭示流水句的内在组构方式。关于这一点,我们拟于第七章结合长篇小说《活着》中的流水句语料展开详细论述。

5.5 小　结

鉴于以往流水句研究中存在的不足以及流水句句构表征的独特性,本书从话题链视角对流水句的内在组构方式进行探究,这恰恰与"话题链的研究对象基本均为流水句"这一研究事实契合。但是,将话题链应用于流水句内在组构分析之前,本章将话题链研究中存在的分歧进行了梳理与讨论,拟定了本书对"话题链"的定义为:"围绕同一话题展开的一组小句。"并指出话题的语义延续是话题链的根本,共同话题才是话题链得以延续的前提,将"话题是否发生转换"作为判断话题链的唯一标准,因此,只要同一话题的语义仍在延续,话题的表现形式并不是关键因素。此外,本书坚持"话题链中的话题必须同指"这一根基不动摇,认为只有具备"整体—部分"和"领属—所属"语义关系的所指成分才可以延续话题,从而形成同一话题链。

此外,本章通过对话题链研究中的基本问题进行了梳理,为下文进一步将话题链应用于流水句的内在组构探究作了铺垫。我们相信,基于话题链视角的流水句分析,一方面有助于揭示流水句的深层组构方式,另一方面能促进话题链的相关研究走向深入。

第六章

单一话题链与流水句的组构

6.1 引　言

　　在将话题链正式应用于流水句的内在组构分析之前,我们发现话题链研究本身仍存留部分争议性的问题需要解决。因此,我们于第五章对话题链的定义分歧、话题表现形式、话题同指性,以及层次性进行了较为细致的梳理和探究,进一步厘清了下文将用到的概念术语和基本思路。接下来,我们拟以余华的长篇小说《活着》中的流水句为例,同样聚焦包含三个及三个以上句段的流水句,挖掘不同层次的话题链如何在流水句的内在组构中发挥不同作用。

　　在本章中,我们首先聚焦结构较为简单的单一话题链在流水句组构中的运作机制,经过对《活着》进行语料统计与分析,我们发现,单一话题链在流水句内在组构中应用十分广泛;而在第七章我们则更进一步关注链内插入其他成分的内嵌式话题链在流水句组构中的实现方式,并从定景机制(grounding)出发,根据话题链中插入成分与话题链之间的关系,将话题链中的插入成分分为三种主要类型,即"信息补充型""场景描写型"和"叙事推动型",其中,前两种类型是基于以往的研究归纳所得,而"叙事推动型"系本书作者的新发现。而在第八章我们拟重点关注话题链与话题链之间的关系,看套接式话题链如何在流水句的组构中大显身手,对此我们提出了"严式套接链"和"宽式套接链"的区分。

6.2 话题链中话题的导入方式

在对话题链的不同种类及其联结方式进行讨论之前,有一个问题值得注意,即话题是如何被引入话题链的?因此,厘清话题的引入方式,是识别话题链的第一环,关乎话题链的起始问题,也影响后续话题的衔接与组合。然而,学界对此看法却并不统一,分歧较大。

徐赳赳(2010/2014:316)将话题链中第一次出现的节点称为"根节点",即本书所说的话题链中的第一环,而话题链中由话题充当的其他节点,被称为"子节点",例如:

(1) ①我认识卢学尧$_i$,②∅$_i$长得又高又瘦,③∅$_i$成天眯着个眼,④∅$_i$说起话来∅$_i$吐沫乱飞,⑤没完没了,⑥人人见了都讨厌。

按照徐赳赳(徐赳赳2021/2024:317)的分析,第一次引进的名词性成分往往是作为新信息进入篇章,如句段①中的"卢学尧",而再次谈论该成分时,则是以旧信息身份复现,即句段②,又因为"旧信息所出现的位置,往往是话题最有可能出现的位置",因此,他认为,句段②中承载旧信息的零形式话题是该话题链的根节点,即本书所言的第一环,其所指与句段①中的宾语"卢学尧"相同。继而,连续在句段③和句段④出现的三个零形式,均为该话题链的子节点,它们与根节点句段②构成同一个话题链。由此不难看出,虽然句段①首次引入了新的指涉对象"卢学尧",但徐赳赳并不将句段①归入话题链中,而是将句段②视为话题链的第一环。Tsao 的观点与徐赳赳相类似,他列举的例子是:

(2)①这件衣裳脏了一块$_i$,②∅$_i$洗了半天没洗掉。

在例(2)中,Tsao(1979:210)同样不把句段①视为话题链的一部分,因为即便句段②的零形式话题来自句段①中的宾语"一块",但因为"一块"在句段①中不作话题,因此,不能与句段②形成同一话题链。

然而,屈承熹的看法有别于以上两位学者。他(屈承熹,2006:203)指出,话题的形成过程一般包括三个阶段:"导入、选取和接续。"导入阶段,顾名思义,即用来引进一个随后要谈论的话题。但如果初次导入的话题没有任何形态标识或句法标识,对读者来说则一般难以识别,这样的话题往往被称为"无标记话题"。只有当该话题在后续句段被再次选取,其语义得到延续,才可以进一步确定是话题链的话题。因此,话题的导入阶段是话题链发展必不可少的重要环节,决定着话题链的起始。以上例(1)和(2)中的句段①,正是将话题作为新信息导入话题链的第一阶段。鉴于此,若将诸如句段①排除在话题链外,则相当于否定了链话题的导入阶段。

因此,按照屈承熹(2006:249-250)的分析,例(1)中句段①同时引入了"我"和"卢学尧"两个名词性成分,只有在句段②中被选取,才进一步确定了"卢学尧"为接下来要谈论的话题,因此,句段①理应作为该话题链的第一环。例(2)同样如此,句段①引入了两个名词性成分,旧信息"这件衣服"和新信息"一块",句段②选取了"一块"作为话题展开进一步说明,"一块"的语义得到了延续,因此,句段①和句段②共同组成了一个话题链。

关于"存现句是否应视为话题链的一环"这一问题,其实与上述问题类似，学界对此也有较为普遍的讨论。曹逢甫（2005：48）认为，话题往往占据话题链的链首位置，并且话题总是有定的。张培翠、孙文统（2023：372）从形式句法学的角度指出，话题链中的链话题应当位于全句句首获得语义上的凸显，且应当是有定的，因此，存现句引出无定名词性成分的情况应排除在话题链的范畴外。因此，对存现句中引出的名词性短语是否为话题存在质疑。然而，Shi（1992：26）曾指出，话题不一定出现在句首位置，"当一个无定的名词短语出现在主语、直接宾语或主语的限定语位置上时，都可以是话题链的共享话题"。徐烈炯、刘丹青（1998：173）也赞同"无定成分和非定成分，既可有定也可无定的成分，也可能成为话题"。因此，拘泥于话题所在位置而否认存现句作为话题链第一环的观点，有待进一步商榷。

而 Shi（1989：227）、Li（2005）和屈承熹（2006：252-254）同样指出存现句所发挥的话题导入功能问题，认为理应将存现句视为话题链的第一环，例如：

（3）刚才来了几个客人$_i$，∅$_i$ 都是我的老同学。

（4）胡同里有一家做纸盒的"五七工厂$_i$"，∅$_i$ 常常用三轮车运货。

在例（3）中，存现句将新的指涉对象"几个客人"引入篇章，句段②选取该对象作了进一步陈述，两者构成同一话题链，该存现句为该话题链的第一环。因此，名词性成分是否有定及其出现的位置，不应作为判断是否为话题的关键标准，而应取决于该名词性成分的语义是否得到延续，其后续语段是否围绕该话题展开进一步的相关论述，这才是话题基本功能的体现。正如许余龙（1996）所述，"相关性"这一语用属性是话题的基本属性，这在以往关于话题的讨论（霍克特，1958；Chao，1968；Li and Thompson，1976、1981；冈德尔，1988；兰布雷希特，1994）中几乎是共识。这就是说，后续语段与话题是否相关，这是判断话题链的关键因素，徐烈炯、刘丹青（1998：210）也曾指出："作为话语成分的话题的功能，简言之，就是话语内容之所关，用英语说是 aboutness 或 what the speaker is talking about。"

因此，我们认为，既然"话题"表示的就是语句所要表述的事物或事情，而存现句引入新的指涉对象之后，后续句段也选取了该对象，说明该对象的语义得到了延续，而后续句段围绕该对象展开进一步的相关论述，更说明了引入的指涉对象确为话题，因此，作为导入话题的存现小句，也理应视为话题链的第一环。以此类推，指涉对象不论是源自导入小句的句首位置，还是主语、直接宾语或主语的限定语等位置上，只要在后续句段中得到具有相关性的接续和发展，该指涉对象即可视为该话题链的话题，而导入话题的小句即为话题链的第一环。

6.3 单一话题链构成的流水句——以《活着》为例

6.3.1 连续的动词性短语构成的单一话题链

顾名思义，单一话题链，就是指话题单一的话题链，整个流水句共享同一话题，仅由一个话题链组构而成。在统计中我们发现，这种类型的流水句使用最为普遍。余华的长篇小说《活着》全书一共出现了 400 个单一话题链组成的流水句，其中，由一系列连动句段铺排而成的流水句数量最多，一共有 359 句，占单一话题链组成流水句的 89.75%，试看以下三例：

(5) 我爹$_i$拿着地契和房契连连咳嗽着走出来，他$_i$把房地契递过去，$\varnothing_i$向那人哈哈腰说：……

(6) 有庆$_i$吓得身体抖了一下，∅$_i$看看我没再发火，他$_i$嘴巴歪了两下，∅$_i$低着脑袋说：……

(7) 连长$_i$转过身来，∅$_i$看到了站在后面的我，他就提着手枪走过来，∅$_i$把枪口顶着我的胸膛，对我说：……

以上三例流水句的话题均由话题链链首的动作发出者担任，分别为"我爹""有庆"和"连长"，而后续句段是一系列具有相关性的动作铺排，按照时间顺序一气呵成。此外，话题链中除名词性成分作话题外，还同时使用了同指代词形式和同指零形式话题。然而，一般来说，在这种基本不会引起指称歧义的单一话题链中，显性话题形式往往在链首出现一次之后，通常在后续句段中以零形式话题指认，例如：

(8) 龙二$_i$用脚踢踢墙基，∅$_i$又将耳朵贴在墙上，∅$_i$伸出巴掌拍拍，∅$_i$连声说：……

(9) 我爹$_i$嘿嘿笑了几下，∅$_i$笑完后闭上了眼睛，∅$_i$脖子一歪，∅$_i$脑袋顺着粪缸滑到了地上。

(10) 我$_i$重新在树荫里坐下来，∅$_i$将背包垫在腰后，∅$_i$靠着树干，∅$_i$用草帽扇着风。

可以看出，在以上三例流水句中，动作的发出者作为整个话题链的话题，分别为"龙二""我爹"和"我"，它们在话题链链首显性出现一次后，在后续句段均以同指零形式接续，连接非常紧密，动作流畅自然，相关性强，这种表达方式应用非常广泛，出现频率很高。此外，除动作发出者出现在话题链链首的情况外，施事话题也经常出现在其他非链首位置，在这种情况下，链首话题往往以同指零形式表示，向后指向显性话题出现的句段，即我们在第三章分析的隐含主语向后指认，试看以下各例：

(11) ∅$_i$说着，老全$_i$爬出了坑道，∅$_i$走到这一大片死人中间翻翻这个，∅$_i$拨拨那个，∅$_i$弓着背，∅$_i$在死人中间跨来跨去，∅ᵢ时而蹲下去用雪给某一个人擦擦脸。

(12) ∅ᵢ说完，我爹ᵢ拍拍绸衣上的尘土，∅ᵢ伸了伸脖子跨出门槛。

(13) ∅ᵢ让苦根喝了姜汤，我ᵢ又给他熬了一碗粥，∅ᵢ看着他吃下去。

通过以上三例可以看出，第一句段均为动词性短语，其话题以隐性形式出现，与第二句段中的显性话题所指相同，同时也是整个话题链的共享话题。虽然该话题在链首没有显性出现，但是丝毫不影响话题链的连贯性。此外，诸如第一句段这种小句主语零形反指的句法操作，往往会削弱该句段的句法独立性，使其依附于第二句段，从篇章功能的角度看，是对第一句段的背景化处理，使其成为第二句段的从属小句，详见方梅（2008）。

6.3.2 多种句式类型构成的单一话题链

虽然以上流水句均围绕同一话题展开，但是述评部分皆是连续动作的铺排，在句法表现上为动词性短语的连续使用，其句段句式类型较为单一。此外，我们发现，其实流水句述评部分可以包含多种谓语类型，即整个流水句仍然围绕同一话题展开，但述评可以由名词性短语、动词性短语或主谓小句等多种类型担任。当主谓小句作述评，即整句句段作述评时，整句句段中的小主语往往与总话题构成双名词结构，例如：

(14) ①几十年来我爹ᵢ一直这样拉屎，②∅ᵢ到了六十多岁还能在粪缸上一蹲就是半晌，③∅ᵢ那两条腿就和鸟爪一样有劲。

(15) ①我ᵢ穿着白色的丝绸衣衫，②∅ᵢ头发抹得光滑透亮，③∅ᵢ往镜子前一站，④我看到自己满脑袋的黑油漆，⑤∅ᵢ一副有钱人的样子。

(16) ①∅ᵢ年纪一大，②人ᵢ就不行了，③∅ᵢ腰是天天都疼，④∅ᵢ眼睛看不清东西。

例（14）是以"我爹"为话题的单一话题链构成的流水句，句段②以同指零形式接续话题，而句段③则为主谓齐全的整句句段，主语为"那两条腿"，"那两条腿"之前的零形式话题与句段①中的"我爹"同指，与"那两条腿"构成双名词结构，属于"整体"（我爹）与"部分"（那两条腿）的语义关系。同样地，例（15）是以"我"为话题的单一话题链，是以外貌描写为主的流水句，内部包含多个不同类型的评述小句，句段②为主谓齐全的整句句段，主语为"头发"，"头发"之前的零形式话题与句段①中的"我"同指，与子话题"头发"构成双名词结构，属于"整体"（我）与"部分"（头发）的语义关系。句段③为动词性短语，话题以同指零形式出现，句段④为主谓齐全的整句句段，主语为"我"，而句段⑤以名词性短语进行相关性的述评，简洁而生动，隐含的话题仍然指向链首话题"我"。

而例（16）中，从整体来看，四个句段均为主谓齐全的整句句段，主语分别为"年纪""人""腰"和"眼睛"。但细看便不难发现，四个句段均围绕"人"这一共同话题展开，是单一话题链组成的流水句。句段①中零形式话题"人"与"年纪"之间具有"领属—所属"的语义关系，而句段③中的"腰"和句段④中的"眼睛"，均与其零形式话题"人"存在"部分—整体"的语义关系。我们已于第五章5.3一节"同一话题链中的零形式是否同指"提及，存在这两种语义关系的名词性成分可以进一步实现语义延续性，所属成分"年纪"、部分"腰"和部分"眼睛"均可视为主话题"人"的某一方面，因此，构成以"人"为话题的单一话题链，只是句段①③④与主话题"人"分别构成双名词结构。

可以看出，上文讨论的例（5）~例（16），各流水句的共享话题均来源于主语位置,有的是链首的主语位置,有的是后续句段的主语位置。这种类型正好与第三章我们讨论的"主语同指流水句"结构类似,即流水句中隐含的主语均来自其他句段的主语成分。此外,我们已于本章 6.2 一节提及,话题不是只出现在主语位置,在宾语位置或限定语位置上也可引入话题。

下面我们先看存现句引入话题的情况。在此需说明的是,一直以来,存现句的句法分析有较大分歧,20 世纪 50 年代很多关于主宾语问题的讨论,即关涉存在句,后来"句首表处所的名词看作主语,把句末表存在主体的名词看作宾语"这一观点已逐渐被大家接受(宋玉柱,2007:72;张斌,2010/2015:576-87)。后来,学界也多从认知功能(胡文泽,2004;Zhang,2016),或语篇构建(许余龙,2004;吴卸耀,2006;钟小勇,2015;Chen,2009)等视角对存现句进行了研究。但鉴于本书主要聚焦流水句的句子结构分析,因此,暂将存现句中的"存现者"视作宾语成分,与其他普通动宾结构的宾语,如下文例(20)~例(23),划入同一范畴,暂不作细致区分。试看以下各例:

(17) ①那时候青楼里有一位沈先生$_i$,②∅$_i$年纪都快到六十岁了,③∅$_i$眼睛还和猫眼似的贼亮,④∅$_i$穿着蓝布长衫,⑤∅$_i$腰板挺着笔直,⑥∅$_i$平常时候总是坐在角落里,⑦∅$_i$闭着眼睛像是在打盹。

(18) 这时有一个女人$_i$向我们这里跑来,∅$_i$哇哇叫着我的名字,∅$_i$跑得跌跌撞撞,∅$_i$跑到我跟前喊了一声:……

(19) 这时有个穿中山服的男人$_i$走了过来,他$_i$让体育老师放开我,∅$_i$问我:……

现以例(17)为例,可以看出,该句为以"沈先生"为话题的单一话题链构成的流水句,共同话题"沈先生"在句段①以存现句中的无定成分引入,继而在后续句段以同指零形式话题接续。其中,句段②③⑤均为主谓齐全的整句句段，各句段中的主语"年纪""眼睛"和"腰板"为子话题，与"沈先生"之间具有一定的语义关系，构成双名词结构。这种类型的话题链我们已于第五章中的 5.3 一节进行过论述，可以形成同一话题链。余下的句段④⑥和句段⑦均为动词性短语，均围绕总话题"沈先生"作进一步的相关论述。除存现句外，还有在普通动宾结构的宾语位置引入话题的方式，在这种情况中，整个话题链的话题由链首小句的直接宾语担任，并且根据本章 6.2 可知，起导入话题作用的链首小句算作话题链的第一环，试看以下各例：

(20) ①看看银元ᵢ我有些心疼，②那ᵢ可是家珍从城里带来的，③∅ᵢ只剩下这两块了。

(21) ①她睁圆了眼睛看我ᵢ，②我ᵢ放下锄头，③∅ᵢ把她拉回到屋里，④∅ᵢ从她手里拿过镰刀和篮子，扔到了角落里。

(22) 他们看到二喜ᵢ时，我的偏头女婿ᵢ已经死了，∅ᵢ身体贴在那一排水泥板上，∅ᵢ除了脚和脑袋，∅ᵢ身上全给挤扁了，∅ᵢ连一根完整的骨头都找不到，∅ᵢ血肉跟糨糊似的粘在水泥板上。

以上三个流水句都是由直接宾语位置引进话题，但在话题接续上有细微的区别。比如，在例（20）中，句段①有两处名词性成分"银元"和"我"，两者均有可能在后续句段中被选为话题，而在后续句段②中我们发现，指示代词"那"与句段①中的"银元"同指，将"银元"的语义进行了延续，因此，可知"银元"作为新的指涉对象，在后续小句中被选取，所以例（20）的话题为"银元"，继而在句段③以同指零形式出现，完成对"银元"的相关性描述。而例（21）同样如此，句段②以原形复制的形式直接选取句段①中的直接宾语"我"为话题，在后续话题中，该同指话题皆以隐性话题形式出现。而在例（22）中，句段②选取话题的形式为同指名词性短语,"我的偏头女婿"与句段①中的直接宾语"二喜"同指,该话题一直持续到最后一个句段,即"二喜"的语义延续一直未中断,因此,例(22)是以"二喜"为话题的单一话题链构成的流水句。

以上例(17)~例(22)为宾语位置引进话题的单一话题链构成的流水句,下文我们来看在限定语位置引进话题的流水句。Li(2005)曾对这一种话题链进行过探讨,并将其命名为"修饰语话题链",这也是我们在本书第三章分析的"定语同指流水句",即句段中的隐含主语均来自其他句段的定语成分,试看以下各例:

(23) ①我捏住爹$_i$的右手,②他$_i$又用左手脱下右脚的布鞋,③∅$_i$还想打我。

(24) ①龙二$_i$的模样变了,②他$_i$嘴里镶了两颗金牙,③∅$_i$咧着大嘴巴嘻嘻笑着。

(25) ①我丈人$_i$的脸转了过来,②∅$_i$看到了我,③他$_i$向我走了两步,④∅$_i$对我喊:……

(26) ①∅$_i$走近了城门,②∅$_i$一看到两旁站了那么多人,③我$_i$的精神一下子上来了。

可以看出,例(23)中的句段①存在三个指涉对象,分别是"我""爹"和"右手",三者均有可能在接下来的句段中被选取为话题接续,而从句段②中我们发现,句段②中的"他"与"爹"所指相同,因此,句段②是以同指代词形式"他"选取了句段①中的"爹"作为后续句段的话题,"爹"的语义实现了进一步延续,因此,整个流水句是以"爹"为话题的单一话题链构成,该共享话题在句段①中位于宾语的修饰语位置。而在例(24)、例(25)和例(26)的话题均来自主语的修饰语位置,但内部存在些许不同。例如,例(24)中句段②以同指代词形式"他"接续了句段①中主语的修饰语"龙二",而例(25)中句段②以同指零形式接续了句段①中的"我丈人",从语义兼容性上分析,只可能是"我丈人"看到了我,而不是"脸"看到了我,所以,可判断"我丈人"是整个流水句的共同话题。而在例(26)中,前两个句段的话题均为隐性形式,通过零形反指指向句段③中主语"精神"的修饰语"我",因此,该句是以"我"为共同话题的单一话题链构成的流水句。

6.4 小　结

　　在本章,我们首先分析了话题链中话题的导入方式,即如何确定话题链第一环的问题。研究发现,新的指涉对象导入后,该指涉对象的语义是否得到延续,后续语段是否与其相关,是判断话题成功导入的关键因素。因此,指涉对象不论是源自导入小句的句首位置,还是处于其他主语、宾语或主语的限定语等位置,只要在后续句段中其语义得到延续和相关性发展,则该指涉对象即可视为该话题链的话题,而导入话题的小句即为话题链的第一环。

　　继而,本章聚焦由单一话题链构成的简单流水句,这类流水句由结构层次单一的话题链构成,整个流水句共享同一话题,仅由一个话题链组成。可以发现,在同一共享话题的前提下,根据话题链中述评部分的不同形式,单一话题链还可分为"连续动词性短语构成的单一话题链"和"多种句式类型构成的单一话题链"两种不同类型。

　　不难看出,由单一话题链组构而成的流水句,结构层次简单,表达便捷,因此,应用十分广泛。然而,除本章这类结构单纯的单一话题链组成的流水句外,我们发现,流水句还可以由多重层次结构混合而成,如话题链内部插入其他话题链或非话题链成分;这种多层次的话题链结构,同样在流水句的内在组构中发挥着重要作用。对此,我们拟于下一章探究内部插入其他成分的"内嵌式话题链"与流水句的组构。

第七章

内嵌式话题链与流水句的组构

7.1 引　言

此前，我们已于第五章的 5.4 一节初步探讨了话题链的层次性，发现话题链所表现出的不同层次与话题链中插入了其他成分有关。屈承熹（2006：254-255）曾指出，话题链内部可嵌入其他成分，如其他话题链或单个的小句等，若嵌入的成分为话题链，则被称为"子话题链"，而子话题链在其中出现的话题链，被称为"主话题链"。它们彼此之间构成一种内嵌关系。为方便讨论，笔者参照"套接式话题链"这一表达方式，将本章这种话题链内包含其他插入成分的话题链称为"内嵌式话题链"。

然而，虽然"话题链中插入其他成分的情况在实际语料中极为常见"（孙坤，2014：57），但是学界对话题链中插入成分的类型及其与主话题链之间的关系探究不多，相关成果也较为零散。之所以出现这种情形，主要原因在于以往的话题链研究大都聚焦话题链中的话题本身，专注于插入其他成分后，原来的话题链是否被阻断；

或者插入成分是否会对后面的话题接续产生影响,即插入其他成分后的主话题链是以隐性形式(同指零形式)接续原话题,还是以显性形式(同指代词或名词性短语)接续原话题。对此,不少学者(黄南松,2001;徐赳赳,2003b;许余龙,2004)针对三种不同的话题表现形式的使用规律进行细致的探究,如先行词与回指语的间隔距离对回指形式选择的影响等。

既然本书的研究对象是流水句的内在组构方式,那么就不能只关注结构层次简单的单一话题链构成的流水句,而对于具有多层次的内嵌式话题链,不能撇开嵌入式话题链中的其他成分不谈,而只谈话题本身的延续,毕竟流水句的难点及独特之处,正是在于其结构的层次性与隐含主语的交错指认。因此,关注内嵌式话题链的内在组构机理,探究其内部插入成分的具体类型,及其与主话题链之间的关系,才是直击流水句深层组构的关键。

7.2 语篇中的定景机制

目前学界较为普遍的观点是话题链中的插入成分往往是话题链的从属结构,起辅助说明作用。对此,屈承熹(2006:205-206)曾提出,"由主要话题主导的小句构成了故事叙事的主线,而由其他话题主导的小句则是故事的枝节。这两种小句又刚好与传统上所称的前景和后景一致"。

前景—后景也称"定景机制"(grounding),是篇章语法中的常用概念,借助定景机制可将语篇单位按不同重要层级表现出来,广泛应用于叙事文体的研究。一般来说,构成故事主线、直接描述事件进展的往往属于前景(foreground),是语篇的骨干;而围绕叙事主干进行铺排、衬托和评价的往往属于后景(background),后景不推动叙述发展,却可使叙事过程更复杂,信息更丰富。(Hopper,

1979b；Tomlin，1985；Longacre，1996；方梅，2008；田然，2017，2023；Li，2018；张秋杭，2023）

此外，语篇中的定景可以使我们更好地理解语法结构与其语义或语用功能、交际目的之间的关系。在以往对前景与后景的探讨中，不仅关注前景和后景的篇章功能差异，而且对二者对应的一系列句法—语义特征进行过大量的探索。比如，很多学者（Hopper，1979；Hopper 和 Thompson，1980）认为，前景一般与语义概念"以时间顺序呈现信息"，以及语用概念"信息主线"具有对应关系。定景机制的语义特征是，在记叙文中，前景化的小句叙述的往往是过去的、完成的动态事件，构成故事的主线，对语篇的主题发展起重要作用。而后景化的小句本质上是持续的、静态的，它们仅起描写和阐述的作用。

再者，以往关于前景、后景的研究，主要集中在小句内部，即对单个小句的句法—语义特征与前景—后景的对应关系进行分析，很少上升至语篇层面分析语篇单位的前、后景层级。而在这一方面，话题链确是一个很好的分析视角。因此，我们通过对插入成分与主话题链之间的前、后景关系进行判别，是借用"定景机制"分析语篇的又一推进。汉语作为一种"话题突出型语言"（Li 和 Thompson，1979：457–461）以及"语篇倾向型语言"（Tsao，1979、1990；Chu，1998；Li，2005），话题链是构建语篇的有效手段和强势机制，在记叙文中应用得尤为广泛。因此，通过探讨话题链中插入成分的不同类型，我们可以发现，不同的插入成分类型在流水句的组构中发挥的不同的作用，并且扮演不同的前、后景角色。

7.3　插入成分的定景功能

一般来说，话题链中的插入成分往往是话题链中的从属结构，

起辅助说明的作用,往往作后景信息。例如:

(1) ……∅ᵢ**不敢再思索,他ᵢ拔起脚就往回走,非常的快。**
①门外有些脚印,②路上有两条新印的汽车道儿。③难道曹太太已经走了吗?④那个姓孙的为啥不拿他们呢?
∅ᵢ**不敢过去推门,**∅ᵢ**恐怕又被人捉住。**∅ᵢ**左右看,没人,**⑤他的心跳起来,⑥试试看吧,⑦反正也无家可归,⑧被人逮住就逮住吧。∅ᵢ**轻轻推了推门,**⑨门开着呢。∅ᵢ**顺着墙根走了两步,**∅ᵢ**看见自己屋中的灯亮儿,**自己的屋子!

(Li,2005:76-77)

可以看出,例(1)中粗体部分共同构成了以"他"为话题的主话题链,描述主人翁"他"的系列动作。而未加粗的部分,或是对周边场景的描写,如句段①②⑨,或是对话题人物心理活动的刻画,如句段③④⑤⑥⑦⑧。Li(2005:76-80)将其视为一种特殊的话题链类型,即"非延续性话题链"(Discontinuous Topic Chains),认为在话题链的连续小句中,有些不属于话题链的文本,往往对话题链有一定的阻碍,并将其称作"零碎部分"(broken parts)或"打断信息"(interrupting text),指出话题链是事件顺序和主要故事线的组成内容,发挥前景功能,而打断部分主要提供后景。而 Li(2005)所指的打断信息,正是本章所探讨的话题链中的插入成分。再看一例:

(2) 二强子四十多了,不打算再去拉车。于是买了副筐子,弄了个杂货挑子,**瓜果李桃,花生烟卷,货很齐全**。做了两个多月的买卖,粗粗的一搂账,不但是赔,而且赔的很多。

(Li,2005:78)

例(2)是以"二强子"为话题的非延续性话题链,讲述了二强子在生意上失败的故事。该话题链由一系列动作按照时间顺序编码而成,但其中的插入成分,即为加粗的部分,是有关杂货挑子上货物的细节描写,从属于主话题链中的某一环,对其展开进一步的补充说明，不参与话题链的叙事进程，因此，属于后景信息。

因此，笔者同意以上学者对内嵌式话题链中插入成分的分析，认为话题链中的插入成分有时是提供后景信息，或对话题链的其中一环作进一步的辅助说明，或对周围环境进行烘托描写，也可以是话题人物的心理活动刻画。这也符合以往学者对前景信息和后景信息的认识。尽管如此，主话题链作前景，插入成分作后景，并非绝对如此。主话题链—插入成分和前景—后景之间并非直接对应的关系，插入成分完全可以发挥前景功能。关于这一点，我们拟于本章的7.6一节展开详细论述。

综上所述，结合插入成分与主话题链之间的关系，可以发现，发挥后景功能的插入成分可以只与主话题链中的某一环相关，对该环所述对象进行补充说明，即"信息补充型"；也可以与话题链的每一环都不直接相关，结构上较为独立，仅对周围场景或气氛进行渲染，即"场景描写型"。这两种类型的插入成分，学界不乏探讨，观点也较为统一。而本书在此增设一种新的类型，即插入成分参与主话题链的叙述进程，推动事件链进程，发挥前景功能，我们将其称为"叙事推动型"。我们拟于下文对三种定景功能展开逐一分析。

对应于长篇小说《活着》一书的情况，我们发现由内嵌式话题链构成的流水句一共有72句。其中，信息补充型内嵌链构成的流水句一共有22句，占总数的30.5%；场景描写型内嵌链构成的流水句一共有13句，占全书内嵌式话题链流水句的18.1%；而叙事推动型内嵌链构成的流水句一共有37句，占总数的51.4%，如表7.1所示。

表7.1 话题链中插入成分的三种定景功能

类型	信息补充型	场景描写型	叙事推动型	合计
数量（个）	22	13	37	72
占比（%）	30.5	18.1	51.4	100.0

对此，我们将对插入成分的三种定景功能逐一展开分析。为更好地说明问题，在论述每一定景功能前，本书拟借助其他例证进行相关分析、说明，并不拘泥于《活着》一书中的语料，将这一类型的定景功能讨论清楚后，再结合《活着》中的语言事实进行讨论。

7.4 信息补充型插入成分

7.4.1 子话题的不同引入方式

根据屈承熹（2006：254-255）在其专著《汉语篇章语法》中有关"话题链中的内嵌"的论述，他提出："话题链中的语句与链的关系并不一样，有些语句只与链中的某个语句有关系，而与其他语句之间不存在任何结构关系。看起来话题链中包含的内嵌小句越多，处理起来就越困难。"他还举例进行了说明。我们已于第五章的5.4"话题链的层次性"一节对此进行过论述，现重新标记为例（3）和例（4）。

(3) ①李四$_i$这个家伙，②<u>我$_j$因为救他$_i$</u>，③∅$_j$受了伤，④∅$_i$居然不来看我$_j$，⑤∅$_i$跑到纽约度假去了。

（屈承熹，2006：254）

(4) ①那个厨师$_i$，②<u>我$_j$吃过他$_i$做的菜</u>，③∅$_i$真有本事，④∅$_i$把普通的东西做得非常好吃。

（Shi，1989：231）

不难看出，例（3）是包含两个话题链的流水句。根据屈承熹（2006：254）的分析，句段①不是小句，仅提及了指涉对象，但提及的目的是下文的进一步讨论，因此，强制性地使之继续成为下面的话题。然而，该话题一直在句段④中才得到进一步选取，继而延续到句段⑤，因此，句段①④⑤组成一个话题链。尽管句段②确实以同指代词形式"他"将句段①的话题"李四"提取出来,但并没有将其作为句段②的话题,而是作为动词"救"的宾语。句段②的话题是新引进的指涉对象"我",在句段③中得到接续,因此,句段②和③共同组成一个话题链。从结构上看,句段②和句段③组成的话题链内嵌于句段①④⑤组成的话题链中,根据定义,句段②和句段③为子话题链,句段①④⑤为主话题链,子话题链内嵌于主话题链中。

而对于主话题链与子话题链之间的关系,屈承熹(2006:254)指出:"两个话题链之间并非没有联系,但不是由一个话题联系起来的,而是由非话题位置上的两个代词联系起来的。"即句段②中的"他"和句段④中的"我"。

由以上分析可以看出,屈承熹讨论的内嵌式话题链在结构上具有一定的共性,即第一环往往引进一个名词性成分,该成分为主话题,但后一句段并不接续该话题,而是嵌入一个新的指涉对象作子话题链的话题,从而实现话题链内部的话题转换。但主话题与子话题链并不完全脱节,主话题的指涉对象往往在子话题链的首环担任某种句子成分,在子话题链述说完毕,重新接续到主话题。

但是,屈承熹描述的子话题由子话题链直接引入,只是内嵌链中子话题引入的一种方式。本书通过对相当数量的流水句进行归纳和分析,发现内嵌链内部的话题转换,并非只有这一类型,而是存在多种方式,共同促成了流水句组构方式的多样性。那么,除上文所述"子链直接引入"型外,我们发现,有相当多的子话题也来源于主话题链,即选取主话题链中的某一成分为子话题,继而接续为子话题链。例如:

(5)①淑珍$_i$的萎缩全然消失了,②∅$_i$只觉得椅前站着一个高大的晕影$_j$,③这影$_j$大到笼罩着自己的灵魂,④∅$_i$透不出气。

(Li,2005:81)

可以看出，句段①导入了两个名词性成分"淑珍"和"萎缩"，句段②进一步选取了句段①的修饰语"淑珍"作为话题，并在句段④中再次以同指性零形式接续，形成了主话题链，我们在第六章也涉及这种类型的话题链，被称为"修饰语话题链（modifier topic chain）"。而该主话题链内部同时还嵌入了子话题链，由句段②和句段③组成，以"一个高大的晕影"为子话题。根据话题链内部话题的转换方式，主话题链中的②，其句段末尾引入了一个新的指涉对象"一个高大的晕影"，而句段③以同指名词形式"这影"对其进行了选取，实现了该对象的语义延续，因此，"一个高大的晕影"成为子话题链的话题，形成从主话题链到子话题链的转换。当子话题链述说完毕，句段④重新接回到主话题链。

通过以上分析我们可以发现，这种类型的插入成分与英语中的"非限定性定语从句"有某些相似之处，均可看作对上文某一信息的进一步补充，并用逗号隔开。若结合例（5）来看，在主话题链中，句段②末尾的名词性成分"一个高大的晕影"相当于先行词，其后接续的"这影"相当于引导词，对"一个高大的晕影"作进一步补充，因此，插入成分③类似于先行词的"非限定性定语从句"。

此外，子话题链在接续主话题链的某一成分为话题时，也可以隐性的同指话题形式接续，衔接十分流畅自然，例如：

(6) ①那老儿ᵢ复袖中取出<u>一条鞭儿</u>ⱼ来，②∅ⱼ<u>却是皮丁儿寸扎的香藤柄子</u>，③<u>虎筋丝穿结的梢儿</u>，④∅ᵢ在路旁拱手奉上道："圣僧，我还有一条挽手儿，一发送了你罢。"

（吴承恩，《西游记》第15回）

例（6）句段①引入了两个名词性短语，分别为"那老儿"和"一条鞭儿"，在没有被后文选取之前，两者均有可能成为话题。继而，句段②以同指零形式选取了"一条鞭儿"为话题，并展开了进一步描写,一直延伸至句段③,因此,句段①②③共同构成了以"一条鞭儿"为话题的话题链,但该话题链在句段④终止,因为句段④选取了句段①中的句首名词成分"那老儿"作为话题,因此,句段①和句段④组成了以"那老儿"为话题的话题链。总体来看,句段①和句段④组成的主话题链描述了"那老儿"向唐三藏赠送鞭儿的过程,而句段②和③只与主话题链中的句段①相关,是对"一条鞭儿"的细节进行了补充说明。因此,句段①和句段④是主话题链,句段①②③是子话题链。如果类比于英语"非限定性定语从句",句段①中的直接宾语"一条鞭儿"相当于先行词,句段②③为非限定性定语从句对其展开进一步说明,但引导词并没有显性出现。例如:

(7) ①那真君$_i$抖擞神威,②∅$_i$摇身一变,③∅$_i$变得身高万丈,④∅$_i$两只手举着<u>三尖两刃神锋</u>$_j$,⑤∅$_j$好便似华山顶上之峰,⑥∅$_i$青脸獠牙,⑦∅$_i$朱红头发,⑧ ∅$_i$恶狠狠,⑨ ∅$_i$望大圣着头就砍。

(吴承恩,《西游记》第 6 回)

可以看出,该流水句是以"真君"为话题的主话题链,该话题仅在句段①之首显性出现,在后续句段中均以同指零形式复现。其中,需要指出的是,句段④本身有次话题"两只手",但仍是对主话题"真君"的描述,两者具有"部分"与"整体"的语义关系。句段⑥和句段⑦为两个四字短语,均为名词性词组,与主话题"真君"构成双名词结构。其中,句段⑤接续了句段④末尾引入的新指涉对象"三尖两刃神锋"为话题,并对其作了进一步补充说明,因此,两个句段共同构成了以"三尖两刃神锋"为话题的子话题链。例(7)整体上是一个由内嵌式话题链构成的典型流水句。若与"非限定性定语从句"进行类比,则句段④末尾的"三尖两刃神锋"相当于先行词,句段⑤为非限定性定语从句对其进行说明,但引导词隐而不显,衔接十分紧密。

综上所述，笔者认为"信息补充型"的插入成分，根据插入成分子话题的引入方式，可大致分为三种类型：其一，"子链引入型"，即如屈承熹所述，子话题由子话题链自身引入的指涉对象充当，与主话题链存在一定的关联，如主话题在子话题链第一环中担任某种句法成分；而另外两种类型为本书新增设的类型，即子话题来自主话题链，选取主话题链中的某一成分为子话题，继而根据接续话题的形式可再分为"显性选取"和"隐性选取"两种类型。

鉴于此，本书参照与其结构相似的英语句式"非限定性定语从句"，将这类内嵌式话题链中的子话题链的第一环称为"先行环"，意为先行词所在的环，因为是在第一环引进子话题，而子话题相当于先行词；紧接着接续子话题的环叫作"引导环"，因为引导词接续先行词。对应以上三种类型，即"子链引入型""主链引入—显性选取型"和"主链引入—隐性选取型"。其中，在第一种类型中，先行环另外引入，与主话题链不重合，引导环中的引导词隐性接续，先行环与引导环共同构成子话题链；而嵌入的独立小句，其先行环与引导环合二为一。而对于本书新增设的这两种类型，先行环往往与主话题链中的某一环重合，其中的一种引导环以显性引导词接续，而另一种引导环则以隐性引导词接续。

不难看出，后两种内嵌式话题链的类型，其话题转换方式与套接式话题链中"兼环"发挥的纽带作用颇为类似，但内嵌式话题链的不同在于，不管内嵌式话题链插入什么成分，最终都要回归主话题，完成主话题的接续。而套接式话题链经"兼环"完成话题转换后，后续句段将继续围绕新的指涉对象展开述说，旧话题链终结。其实，内嵌式话题链这种表达习惯非常容易理解，当说话人在述说某一话题时，因表达需要，对其中的某一内容展开具体说明，继而再重新回到原来的话题，符合表达习惯。在下文中，我们将以长篇小说《活着》中的诸多流水句为例，聚焦以上三种类别的信息补充型内嵌链构成的流水句，展开具体分析。

7.4.2 信息补充型内嵌链——以《活着》为例

经统计，我们发现，在《活着》一书中，信息补充型内嵌式话题链构成的流水句一共有 22 个。其中，子链引入型有 2 个，主链引入—显性选取型有 15 个，主链引入—隐性选取型有 5 个，占《活着》一书中内嵌式话题链构成的流水句的 30.5%。如表 7.2 所示。

表 7.2 信息补充型内嵌链构成的流水句类别

类型	子链引入型	主链引入—显性选取型	主链引入—隐性选取型	合计
数量（个）	2	15	5	22
占比（%）	9.1	68.2	22.7	100.0

7.4.2.1 子链引入型

上文提及，子链引入型的插入成分，其子话题由子话题链本身直接引入，且往往与主话题链存在一定关联，如主话题在插入小句担任某种句法成分。在《活着》一书中，我们只找到这一类型的插入成分 2 例，且嵌入成分为普通小句，不是话题链形式，占信息补充型内嵌链构成流水句的 9.1%。在今后的研究中，我们可以进一步扩大样本容量，采集更多文本，丰富语料来源，以便发现更多这一型别的语料。现选取《活着》一书中的流水句进行分析。

（8）①凤霞$_i$那天穿上新衣服可真漂亮，②连我$_j$这个做爹的都想不到她$_i$会这么漂亮，③她$_i$坐在家珍床前，④∅$_i$在进来的人里挨个找二喜，⑤∅$_i$一看到二喜赶紧低下了头。

（9）①有庆$_i$苦啊，②他$_i$姐姐还过了四、五年好日子，③有庆$_i$才在城里呆了半年，④∅$_i$就到我身边来受苦了。

例（8）是以"凤霞"为主话题的内嵌式话题链构成的流水句，

主话题链由句段①③④⑤构成。其中句段②为普通的插入小句，对句段①凤霞的漂亮作进一步补充说明，该句段先行环与引导环重合，因此，不构成子话题链。插入小句的话题为"我"，由话题标记"连"引入，主话题"凤霞"以同指代词形式"她"在句段②中作宾语，因此，不完全脱节。例（9）同样如此，整个句子为以"有庆"为主话题的内嵌式话题链构成的流水句。主话题链由句段①③④构成，其中插入了普通小句②对其作进一步补充说明。主话题"有庆"在插入小句中作子话题"他姐姐"的定语，以同指代词形式"他"表示。

7.4.2.2 主链引入—显性选取型

主链引入是指子话题来源于主话题链，即选取主话题链中的某一成分为子话题，继而接续为子话题链。本节探讨的"显性选取"是指引导环以显性话题形式接续，可以是同指名词形式，如例（10）和例（11），可以是指示代词，如例（12），还可以是原形复现，如例（13）。经统计，这一类型的内嵌式话题链构成的流水句在《活着》一书中共有15例，是数目最多的一种，占这一大类内嵌链构成流水句的68.2%。例如：

(10) ①我爹$_i$打着饱嗝$_j$，②那声响$_j$和青蛙叫唤差不多，③∅$_i$走出屋去，④∅$_i$慢吞吞地朝村口的粪缸走去。

(11) ①我又看她的脸$_j$，②脸$_j$上也没有什么伤痕，③∅$_i$这才稍稍些放心。

(12) ①我$_i$曾经和一位守着瓜田的老人聊了整整一个下午$_j$，②这$_j$是我有生以来瓜吃得最多的一次，③当我$_i$站起来告辞时，④∅$_i$突然发现自己像个孕妇一样步履艰难了。

(13) 我和家珍$_i$最操心的还是凤霞$_j$，凤霞$_j$不小了，∅$_i$该给她找个婆家。

第七章　内嵌式话题链与流水句的组构

在例（10）中，句段①有两个名词成分"我爹"和"饱嗝"，在没有被后续句段进一步选取之前，均有望成为话题。继而，句段②以同指名词短语"那声响"选取了"饱嗝"作话题，并对其进行了描述，但没有接续。因为句段③以同指零形式回指了句段①中的"我爹"作为话题，并在句段④进行了接续。由此可见，主话题链由句段①③④构成，以"我爹"为话题，而主话题链中的"饱嗝"作为先行词，在句段②被显性引导词"那饱嗝"接续为"子话题"，因而句段②相当于英语非限定性定语从句对"饱嗝"展开了进一步补充说明，句段①②构成子话题链。例（12）同样如此，句段①③④均围绕"我"展开论述，构成以"我"为话题的主话题链。而句段②选取主话题链中①的句段末尾"一个下午"为先行词，以指示代词"这"为引导词对其进行了补充，相当于英语非限定性定语从句。

不难看出，以上四例中的子话题均出现在先行环的末尾，而以下流水句中，子话题不在先行环末尾引入，而是在先行环的其他位置出现，例如：

（14）①我$_i$一直没去龙二家是怕自己心里发酸，②我$_i$两脚一落地就住在**那幢屋子**$_j$里了，③那屋子$_j$如今是龙二的家，④我$_i$心里是什么滋味。

（15）我$_i$想想**这次**$_j$不一样，这次$_j$凤霞是出嫁，我$_i$就笑了，∅$_i$对家珍说：……

（16）①王四$_i$看到凤霞$_j$砸他，②∅$_i$伸手就打了凤霞$_j$一巴掌，③凤霞$_j$哪有他有力气，④∅$_i$一巴掌就把凤霞$_j$打到地上去了。

现以（14）为例，该流水句的主话题为"我"，由句段①②④共同构成主话题链，而句段③作为嵌入成分，以显性引导词"那屋子"的形式接续句段②中的"那幢屋子"为子话题，但该名词性成分并未居于句段②的末尾。但从话题相关性的角度来看，句段③是对"那幢房子"的语义延续，对其展开了进一步的补充说明。因此，句段②和句段③共同构成子话题链，内嵌于主话题链中。

此外，我们还发现了内嵌式话题链的变体形式，一种是主话题链中的先行词不显性出现，而是以同指零形式出现，显性形式则出现于后一句段，如例（17）。而另一种是继先行词之后的引导环，其显性引导词之前有连词成分，使引导词没有紧挨着先行词出现，如例（18），试看：

(17) ①我$_i$一摸∅$_j$，②那手$_j$像是煮熟了一样，③∅$_j$烫得吓人，④我$_i$问他：……

(18) ①他们$_i$对自己的经历缺乏热情，②∅$_i$仿佛是道听途说般地只记得零星几点$_j$，③即便是这零星几点$_j$也都是自身之外的记忆，④∅$_i$用一、两句话表达了他们$_i$所认为的一切。

可以看出，例（17）是以"我"为主话题的内嵌式话题链构成的流水句。其中，句段②和句段③以"那手"为子话题，但该话题在句段①中以隐性形式出现，句段②和句段③对其作进一步补充说明。例（18）以"他们"为主话题，由句段①②④构成主话题链，句段②的末尾引入新的指涉对象"零星几点"，继而句段③对其展开进一步补充，但引导词"这零星几点"之前有连词"即便是"加以联结，使得引导词没有紧挨着被修饰的先行词，但不妨碍对先行词的修饰。

7.4.2.3 主链引入—隐性选取型

这一类型的内嵌式话题链，与上一类型相似，其先行环同样与主话题链中的某一环重合，子话题由主话题链引入。但区别在于，先行环后的引导环以隐性引导词接续，这类内嵌式话题链构成的流水句在《活着》一书中总共有5个，占这一大类内嵌式话题链构成流水句的 22.7%。试看例 (19)。

(19) ①长根ᵢ那天走后，②∅ᵢ还来过一次，③那次他ᵢ给凤霞带来一根扎头发的**红绸**ⱼ，④∅ⱼ<u>是他ᵢ捡来的</u>，⑤∅ᵢ洗干净后放在胸口专门来送给凤霞。

该例中的主话题为"长根"，由句段①②③⑤构成主话题链，其中内嵌的子话题链句段③④以"红绸"为话题，由句段③的末尾引入先行词"红绸"，在引导环句段④中以隐性引导词形式接续。在句段⑤中，话题重新回到主话题"长根"中，完成主话题链的述说。因为子话题"红绸"与主话题"长根"的相关语义内容差别较大，不会引起歧义，因此，主话题链在句段⑤接续时，仍然选用同指零形式话题，没有重提主话题"长根"。

但在《活着》一书中，更多的情况是子话题链插入后，在重新回到主话题时，往往用显性话题形式重提主话题，主要原因是为了避免指代不明的情况发生。例如：

(20) ①他ᵢ还死不认账，②∅ᵢ去吓唬那些**佃户**ⱼ，③∅ⱼ<u>也有不买帐的</u>，④他ᵢ就动手去打人家。

(21) ①龙二ᵢ身后站着一个**跑堂的**ⱼ，②∅ⱼ<u>托着一盘干毛巾</u>，③龙二ᵢ不时取过一块毛巾擦手。

(22) ①二喜ᵢ带来了二十多个人ⱼ，②∅ⱼ<u>全穿着中山服</u>，③要不是二喜ᵢ胸口戴了朵大红花，④∅ᵢ那样子像是什么大干部下来了呢。

(23) ①∅ᵢ看到家珍没伤着，②我ᵢ悬着的心放下了，③我ᵢ把家珍扶到**汽油桶**ⱼ前，④∅ⱼ<u>还有一点火在烧</u>，⑤我ᵢ一看是桶底煮烂了，⑥∅ᵢ心想这下糟了。

以例 (20) 为例，该流水句的主话题链为句段①②④，话题为"他"，句段②的宾语"佃户"是先行词作子话题，在引导环句段③中以零形式引导词接续，属于隐性形式接续子话题，而在句段④中以显性形式"他"重提主话题链。可以看出,若不重提远在链首的主话题"他",则容易误读为子话题"佃户"。

通过以上分析可以看出,本节讨论的内嵌式话题链构成的流水句,其内部的插入成分主要是对主话题链中的某一环起进一步的补充说明作用,因此,属于话题链中的后景信息。也正因如此,其往往从属于所修饰的环,而与链中其他的环不存在结构上的关系。

7.5 场景描写型插入成分

7.5.1 场景描写功能

除上文探讨的信息补充型插入成分外,还有一种常作后景信息的插入成分也引起学界的广泛关注。这一类型常出现在超句话题链中,往往不限于句子内部,因此,虽然超句话题链不属于本书讨论的流水句范围,但是这种插入成分类型在超句话题链中扮演的角色与在以句号为界的流水句中有共通之处,其组构原理是基本一致的。因此,本章在此暂不拘泥于流水句,先将这一问题谈清、谈透,再应用于流水句组构的具体研究。试看以下例句:

(24) ①站起来,他觉得他又像个人了。②<u>太阳还在西边的最低处,河水被晚霞照得有些微红</u>。③他痛快得要喊叫出来,摸了摸脸上那块平滑的疤,摸了摸袋中的钱,又看了一眼角楼上的阳光。④他硬把病忘了,把一切都忘了,好似有点什么心愿,他决定走进城去。

(老舍,《骆驼祥子》)

不难看出,例(24)是以"他"(祥子)为话题的超句话题链,其中内嵌了句段②作为插入成分。根据杨彬(2016:76)的分析,这是一个由意向动词引入的当下情境信息的语例。因为按照杨彬对话题链的定义，"话题链中可能内嵌由意向动词或言说动词纳入的其他非同指话题引领的子链，意向动词和言说动词在话题链中也可能处于缺省状态"，因此，他认为老舍是将由"太阳"和"河水"引领的话语纳入由"他"引领的整个话题链中，只是句段②的"太阳"前缺省了一个意向动词，如"看见"或"发现"等，将缺省的意向动词添补完整，则可以使"太阳"与"河水"描绘的场景纳入"他"引导的整个话题链中，从而保持话题链的完整性。

对此，屈承熹（2018：2-5）提出了反对意见。首先，屈承熹认为，引入感知动词的作法并不合适，因为这主要是基于对句段②这个情景的不同理解，可能是"他"（祥子）的体会，也可能是老舍想引导读者体会当下情景，体现了解读上的不确定性，因此，引进感知动词需要"独立证据"的支持。况且，杨彬希望通过引进感知动词，使整段以共享话题"他"一气呵成，从而可以丰富话题的信息含量，使整个话题链具有更高的结构化程度。然而，屈承熹对此持怀疑态度，他认为杨彬的作法不是一气呵成，而是使语篇更加层次不清。因为话题链的功能之一就是将语篇进行切割分段，使层次清晰分明，因此，他（屈承熹，2006：252）基于"一组以零回指形式的话题连接起来的小句"的话题链界定，将例（24）分为以下五段，如例（25）中包括句段①③④⑤四个话题链。

(25) ①∅$_i$站起来，他$_i$觉得他又像个人了。
　　　②太阳$_j$还在西边的最低处，河水$_k$被晚霞照得有些微红。
　　　③他$_i$痛快得要喊叫出来，∅$_i$摸了摸脸上那块平滑的疤，∅$_i$摸了摸袋中的钱，∅$_i$又看了一眼角楼上的阳光。
　　　④他$_i$硬把病忘了，∅$_i$把一切都忘了，∅$_i$好似有点什么心愿，
　　　⑤他$_i$决定走进城去。

（屈承熹，2018：4）

笔者认为，正是因为屈承熹坚持话题链的形成必须有零回指话题形式与显性话题同指，所以将例（25）分为多个层次。尽管如此，不可轻忽的是，这段话仍是以"他"（祥子）为主要叙述对象的事实不能改变，只是内部插入了描写环境的句段②。我们认为，杨彬（2016）通过添加意向动词，以便使环境描写纳入"他"所引导的话题链中的作法，并无必要，因为并非叙述中的每个环节均挂靠于话题链中，才能使叙述一气呵成、前后连贯。叙事主线中嵌入其他成分，如环境描写、心理烘托、背景渲染等后景信息，能使叙述更具层次性与节奏感，这也符合作者的写作习惯和读者的阅读思维。因此，无须为了使环境描写嵌入叙述主线而增补意向动词，句②的环境描写完全可以作为后景信息嵌入叙述话题链中。

因此，关于这种插入成分类型，王建国（2013：185）在分析"话题链中的辅助成分"时曾提出，"话题链的中间存在一些不由话题链话题引导的语句"，并将其称为"话题链的辅助成分"，它是指在话题链中起着辅助和背景功能的语句。王建国列举的例子如下：

（26）①吴锡伯坐在了船头伺机逃脱，②<u>天色已经渐渐的暗淡下来</u>，③吴锡伯躲过敌人的视线一头扎入了江中。

（《昨天的故事》）

可以看出，例（26）是由内嵌式话题链构成的流水句，以"吴锡伯"为主话题展开相关论述，其中句段②为插入成分，起到环境描写的作用，是该流水句中的从属结构，起辅助说明的后景功能。下面我们以《活着》为例，看场景描写型内嵌式话题链构成的流水句情况。

7.5.2 场景描写型内嵌链——以《活着》为例

经过对长篇小说《活着》的统计，本节所论的场景描写型内嵌

式话题链所构成的流水句在《活着》中总共有 13 句,占所有内嵌式话题链构成流水句的 18.1%,例如:

(27) 埋掉了有庆,<u>天蒙蒙亮了</u>,我慢慢往家里走,走几步就要回头看看,走到家门口一想到再也看不到儿子,忍不住哭出了声音,又怕家珍听到,就捂住嘴巴蹲下来,蹲了很久,都听到出工的吆喝声了,才站起来走进屋去。

(28) 我最喜欢的是傍晚来到时,坐在农民的屋前,看着他们将提上的井水泼在地上压住蒸腾的尘土,<u>夕阳的光芒在树梢上照射下来</u>,拿一把他们递过来的扇子,尝尝他们和盐一样咸的咸菜,看看几个年轻女人,和男人们说着话。

(29) 我重新站起来,像只瘟鸡似的走出了青楼,<u>那时候天完全亮了</u>,我就站在街上,都不知道该往哪里走。

通过以上各流水句可以看出,句中的画线部分均为话题链的插入成分,它们作为一种环境描写,对主话题的叙述起到背景烘托与渲染的作用。现以例(27)为例,该句是以"我"为主话题的内嵌式话题链构成的流水句。整个句子讲述了"我"埋掉有庆后的一系列动作和心理状态,其中在第二句段插入环境描写的"天蒙蒙亮了",作为后景信息,十分自然。可以看出,这种类型的内嵌式话题链既不同于信息补充型的内嵌链,也不同于下文将要讨论的叙事推动的类型,总体来看,"场景描写型"的插入成分在结构上是较好判断的。

7.6 叙事推动型插入成分

7.6.1 话题链中充当前景的插入成分

上文讨论的内嵌式话题链类型,正如王建国(2013:191)所说,往往是话题链中的从属结构,起辅助说明的作用。这也涉及学界较为认同的一个观点:话题链内部的插入成分往往作为后景信息,一般不直接参与话题链的叙事进程,发挥辅助说明的功能。因为表示后景的小句不可能大篇幅地集中在一个话题上,它们从一个话题变换为另一个话题,以便作为支撑材料,为故事线索中的主要事件提供情景(屈承熹,2006)。

因此,本章 7.3 分析的信息补充型插入成分,与本章 7.4 场景描写型插入成分一样,往往不在叙事的主线上,而是在话题链中担任后景信息。尽管如此,主话题链作前景,插入成分作后景,并非如此绝对。主话题链——插入成分和前景——后景之间并非直接对应的关系,插入成分完全可以发挥前景功能。Li(2005)举过这样一个例子,并分析如下。

(30)……**这笑容,这一切,秋心觉得中间的十年轻轻的都挪开了。坐了一段的小火车,便到了船下。**①白衣的船主和他的助手们都笑容满面的排立在船舷边,把客人往上让。②船上的仆役把秋心带到她定下的舱室。**放下提箱,从圆窗里看见岸上的工人们已经抗开了跳板**,岸上的一切,已向后移动。

(Li,2005:78-79)

如上文所述,黑体部分讲述了话题人物"秋心"登船时的系列动作事件,按时间顺序编码为话题链,属于前景信息。相比之下,未加粗的部分,则是对船长和船员的行为展开描述,而非对主人公行为的编码,因此,属于后景信息。

然而,笔者认为,这一观点有待商榷。因为"船主、船员"虽然不是这段叙事中最活跃的对象(主人翁),但是他们并非完全不参与叙事进程。如果说句段①中"白衣的船主和他的助手们"是起伴随作用,并未真正推动故事情节发展,但句段②中"船上的仆役"

却明显参与线性叙事进程。因为正是仆役的行为使秋心所处位置从"船下"推进到"舱室",将"到了船下"与"到了舱室"两个事件连接起来,继而才有后续主人翁"放下提箱""眺望圆窗"等系列动态行为。因此,仆役的动作在时间轴上占有一席之地,参与了故事线的进程,所以发挥的是前景功能,而不能因句段②不以主人翁为话题,不在主话题链中,就一概而论地将其归为后景。这种插入成分明显不同于上文作后景信息的环境描写和辅助说明。

关于这一点,我们还可以从孙坤(2015:80)的论述中得到印证。他在讨论话题链中的插入成分时,与大多数学者一样,认为"话题链中的插入信息多为后景信息,或与话题链所述相关的信息,一般不直接参与链的叙事进程",但他在论述话题链与话题链之间的插入成分时,却作了不同区分:"话题链间的插入成分,使话题链断裂的内容,如果是议论、描写、说明等非叙事成分,则一般不参与叙事进程。但如果插入内容是叙事,则也可以参与整体的时间进程。"他所举的例子如下:

(31) ①欧阳锋见棒招神奇,果然厉害,一时难以化解,想了良久,将一式杖法说给杨过听了。②<u>杨过依言演出</u>。③洪七公微微一笑,赞了声:"好!"又说了一招棒法。

(金庸,《神雕侠侣》)

根据孙坤的分析,他认为这段话存在两个话题链,一个句段①以"欧阳锋"为话题,另一个句段③以"洪七公"为话题。但是两个话题链中间有一个独立小句句段②,虽然该小句既没有以"欧阳锋"为话题,也没有以"洪七公"为话题,但是将两个话题链在叙事时间上连接起来,因此,"参与了两个话题链的线性叙事事件进程"。而根据参与事件进程往往作前景的观点,句段②也就成为前景信息。

与此类似的是,上文分析的例(31)中的句段②"船上的仆役把秋心带到她定下的舱室",同样是将秋心的所处位置从"船下"推进到"舱室",将"到了船下"与"放下提箱"两个事件连接起来,参与线性叙事进程,因此,理应看作前景信息。

通过以上分析,笔者认为,话题链中的插入成分,不应一概而论地视为起辅助作用的后景信息,而应根据其在话题链中起到的实际作用分别进行判断,如果插入成分同样是叙事,并参与了事件发展,则完全应将其视为前景信息。因此,本书增设了"叙事推动型"的内嵌式话题链。下文我们结合《活着》一书,对这类由内嵌式话题链构成的流水句进行分析。

7.6.2 叙事推动型内嵌链——以《活着》为例

根据上文的交代,我们将对《活着》中的这类内嵌式话题链构成的流水句展开分析与归纳。我们发现,这类流水句在《活着》中并不少见,一共有37句,占该书内嵌式话题链构成流水句的51.4%,是本章三种不同类型的内嵌链中最高的一类。试看以下例句:

(32) 那天凤霞被迎出屋去时,脸蛋红得跟番茄一样,从来没有那么多人一起看着她,她把头埋在胸前都不知道该怎么办,<u>二喜拉着她的手走到板车旁</u>,凤霞看看车上的椅子还是不知道该干什么。

(33) ①村里很多人都来了,②<u>我求他们都去看看苦根</u>,③他们都去摇摇,④听听,⑤完了对我说:……

(34) 冲到病房看到一个医生就抓就住他,不管他是谁,照准他的脸就是一拳,<u>医生摔到地上乱叫起来</u>,我朝他吼道:……

(35) ①当时我傻站了很久,②我怎么也想不到家珍会好起来了,③<u>家珍又叫了我一声</u>,④我才回过神来,⑤我眼泪哗哗地流了出来，⑥我忘了凤霞听不到，⑦对凤霞说：……

例（33）对村里人的一系列动态行为进行描述，其中嵌入了内嵌小句②，主话题"很多人"在句段②中以代词"他们"的形式作兼语，既为"求"的宾语，又为"去看"的主语。继而主话题"他们"于小句③重新被选取，一直延续至句段④⑤。可以看出，内嵌小句明显参与了叙事进程，将"村里很多人来了"与"他们去摇摇、听听苦根"的动态事件在叙事上连接在一起，参与了叙事进程，推动了情节发展，因此，发挥的是前景功能。例（35）同样如此，整句描述的是主人公"我"的行为动作和心理状态，其中内嵌小句③描述的是家珍的动作，属于叙事成分，将"我傻站着"与"我回过神来流泪"连接起来，促进事件发展，叙事非常紧凑。可以看出，虽然不是对主话题的描述，但是内嵌小句无疑参与到故事情节中，是其不可或缺的一部分，应视为前景信息。

还有插入小句，其动作的发出者可能并未指明，但依然不影响其参与事件进程，推动情节发展，也应视为前景信息，例如：

(36) ①连长一听到子弹朝他飞去，②全没有了过去的威风，③撒开两腿就疯跑起来，④<u>好几个人都端起枪来打他</u>，⑤连长哇哇叫着跳来跳去在雪地里逃远了。

(37) 吼完抬脚去踢他，<u>有人抱住了我</u>，回头一看是体育老师，我就说：……

(38) 家珍招呼着他们坐下，<u>有几个人不老实，又去揭锅又掀褥子</u>，好在家珍将剩下的米藏在胸口了，也不怕他们乱翻。

以例（36）为例，该句围绕"连长"的动作行为展开，是以"连长"为话题的主话题链，由句段①②③⑤构成。其中内嵌小句的句段④的动作发出者为"好几个人"，所指不明。但正因该内嵌小句，使连长从一开始"听到子弹朝他飞去"到"在雪地里逃远了"在叙事时间上连接起来，即因为"好几个人端起枪来打他"，所以连

167

长跳来跳去逃窜起来。内嵌小句参与故事的叙述进程,推动情节发展,属于前景信息。尽管此处内嵌小句的动作发出者并不明确,但并不影响其推动叙事进程。

7.7 小　结

综上所述,研究发现,插入成分分为话题链和内嵌小句两种类型。当插入成分为话题链时,插入的子话题可由子话题链直接导入,也可取主话题链中的某一成分作为子话题。而当插入成分为内嵌小句时,该小句可与主话题链中的某一环形成子话题链,也可作为独立结构垂悬于主话题链中。而从定景机制的分析视角出发,根据内嵌式话题链中插入成分与主话题链之间的关系,插入成分大致发挥三种功能:信息补充,场景描写和叙事推动。其中,前两种插入成分往往作后景,不直接参与叙事发展,系本书基于以往研究归纳所得,而第三种插入成分参与叙事进程,可发挥前景功能,系本书新增类型。

通过分析,我们发现,不同类型的插入成分在流水句的组构中发挥不同的作用,也扮演不同的前景、后景角色。但是,不可否认的是,由多重层次混合而成内嵌式话题链,无疑丰富了流水句的内在层次结构。因此,如果仅以"打断部分"或"阻碍文本"的观念对话题链中的插入成分避而不谈或一笔带过,则无益于对流水句整体组构方式的揭示。毕竟,层次丰富的组构特点才是流水句句构的真实表现,对此,我们不能不给予高度关注。

第八章

套接式话题链与流水句的组构

8.1 引　言

与第七章所讨论的内嵌式话题链相比，屈承熹（2006：255－258）曾指出，比内嵌链更为普通的链结构是"套接式话题链"，即"旧链未完，新链已起"，两个话题链头尾相接。在这种结构中，起到连接作用的小句被称为"兼环"（pivot）。这一术语源自赵元任先生（1968/1980：124－129）提出的兼语式概念。在句法中，兼语指的是一个成分既是第一个动词的宾语，又是第二个动词的主语。同理，在篇章中，兼环承担双重角色：它既是前一个话题链的最后一环，也是后一个话题链的第一环。通过这种方式，可以将两个或多个话题链紧密地串联起来，形成套接式话题链。

正是由于套接这种连接形式，使流水句中的句段可以在多个话题链之间自然衔接，在"兼环"的作用下，各句段暗中更换话题而不露痕迹，其间不存在任何刻意的停顿，只要能保持语义同指与相关接续，行文便可自如发展。由此给人留下的印象就是，汉语语篇可以一直写下去，一个小句接一个小句，很多地方可断可连。因此，屈承熹（2006：258）指出："这就是流水句，是汉语语言的特点的原因之一，即汉语的句子像流水，没有特别合适的可以停顿的地方。"鉴于此，本书作者认为，探究套接式话题链的接续方式有助于进一步揭示结构复杂的流水句组构。下文我们将展开较为详细的论述。

8.2 严式套接链与宽式套接链

既然套接链的本质属性是"旧链未完，新链已起"，旧、新两个话题链依靠兼环连接在一起，因此，找准其中的"兼环"是识别套接链的关键。试看屈承熹列举的例子：

(1) ①端木芙$_i$由不得轻声一叹，
②∅$_i$加快了脚步，
③∅$_i$忽觉传来一阵细细袅袅的乐声$_j$，
④∅$_j$一转三折，
⑤∅$_j$行板如云……

（屈承熹，2006：255 - 256）

可以看出，例（1）是典型的流水句，包含两个不同的话题链，前一个话题链以"端木芙"为话题，由句段①②③构成，后一个话题链以"乐声"为话题，由句段③④⑤构成。其中，句段③为连接两个话题链的兼环，将前、后两个话题链衔接起来。此外，屈承熹还提出，套接式话题链还可以存在于两个以上的话题链之间，例如：

(2) ①∅$_i$到了卧室里面呢，
②她$_i$就觉得受不了，

③ $\varnothing_i$ 马上就现出原形$_j$,
④ $\varnothing_j$ 是一条巨大的白蛇$_k$,
⑤ $\varnothing_k$ 盘在床上。

(屈承熹, 2006: 256-257)

可以看出,这是一个由三个话题链组成的典型流水句。根据屈承熹的分析,第一个话题链由句段①②③构成,话题是"她",第二个话题链由句段③④组成,话题为"原形",第三个话题链由句段④⑤组成,话题为"白蛇"。其中,句段③为第一个话题链和第二个话题链之间的兼环,句段④为第二个话题链和第三个话题链之间的兼环。因此,该句是两个兼环链接了三个子话题链构成的复杂流水句。

通过以上分析,笔者基本赞成屈承熹对套接式话题链的分析,认为兼环将前、后两个或两个以上的话题链连接在一起。但是,本书提出三点有别于屈承熹对套接链的判定。

第一,笔者认同兼环必须承担"导入新的指涉对象"的功能,但对新指涉对象的导入方式与屈承熹的看法有所差异。屈承熹(2006: 255-263)认为,最典型的兼环是存现句,如例(1)中的句段③,例(2)中的句段③和句段④。如果不是存现句,新的指涉对象也必须出现在句段末尾,如例(3)中的句段③和④。

(3) ①一天,趁他洗澡,
②我便去检查他的衣服,
③翻了**上衣的每个口袋**$_i$,
④又去翻**裤子的口袋**$_j$,
⑤ 0_{i+j} 结果既无现金,
⑥ 0_{i+j} 又无存折。

(屈承熹, 2006: 257)

在例(3)中,句段③的末尾"上衣的每个口袋"与句段④的末尾"裤子口袋",在句中首次出现后,通过与句段⑤中的零形式共指,以话题方式选取出来,在句段⑥中得到进一步延续,构成新的话题链。由此可以看出,屈承熹对兼环中新指涉对象的出现位置有所要求,认为由名词性短语引出新的指涉对象必须出现在句段末尾。

  笔者认为,这样的判定方式过于严格,新话题的导入位置并非一定在句段末尾。按照屈承熹对"兼环"的定义:"兼环既是前一个话题链的最后一环,又是后一个话题链的第一环。"这应该是兼环最根本的属性,笔者认为,只要满足这一特征,即可算作兼环。那么关于新话题的导入方式,我们已在第六章论述,即在句段的主语位置、宾语位置或限定语位置等均可以导入新的指涉对象,并不拘泥于某一具体位置。因此,笔者继续坚持"兼环"的基本定义不变,认为兼环既是前一个话题链的最后一环,又是后一个话题链的第一环,但后一话题链中的新话题不限于兼环的"句段末尾",只要在后面的句段中对其进行接续描述,保持语义的延续性,就可以将其视为导入了新话题,从而构成新的话题链。关于这一点我们拟于后文举例说明。

  第二,屈承熹(2006:257)对紧接着兼环的句段也提出了要求,指出"紧接着兼环的小句必须有一个谓语动词,来与该新指涉对象在语义上相配合",如例(1)中的句段④,例(2)中的句段④和句段⑤,但屈承熹认为下文中的例(4)不符合要求。在此需要说明的是,例(4)本身超出了句号的界限,是属于两个流水句的拼接,但这是屈承熹所举的例子。本书为更好地说明问题,暂且忽略句号的界限,先关注其中话题链的情况。例如:

(4) 我$_i$……
  ①∅$_i$只见儿子们$_j$围绕着婆婆,
  ②∅$_j$似有满筐的祝福说不尽。
  ③我$_i$从熙攘的人堆里悄悄望了婆婆$_k$一眼,
  ④婆婆$_k$跟几个月前刚见面的时候一样——∅$_k$精神饱满,
  ⑤∅$_k$自信而健谈,

⑥她ₖ那个永不离身的小漆木宝箱，仍是紧紧提在手上，

⑦∅ₖ灰白疏落的头发，挽藏在一顶假髻下面，用玉针簪着；

⑧∅ₖ褐色丝缎褂子，紧裹着她干瘦强劲的身躯，

⑨∅ₖ两眼枯涩但透着一股锐利的光芒。

（屈承熹，2006：260-261）

屈承熹（2006：263）认为，句段③不是兼环，一方面是因为句段③中新的指涉对象"婆婆"不是在句段末尾出现；另一方面句段④"婆婆ₖ跟几个月前刚见面的时候一样——∅ₖ精神饱满"不符合"紧挨着兼环的小句必须有一个谓语动词来与新话题在语义上相配合"。此外，句段①②具有相同的功能，即"告诉读者儿子在做什么"，然而句段③讲的是"我"做的事，句段④则是对婆婆的外貌进行描写，一直持续到句段⑨，可见句段①②、句段③和句段④~⑨三个部分的描述对象并不相同，因此，在屈承熹看来，句段③并不构成话题链。

然而，笔者认为，若要求紧挨着兼环的小句必须有谓语动词与新话题在语义上配合，显然是受英语语法分析框架的影响。英语语法中主谓结构是根基，但并不意味着只有动词谓语才能对话题展开描述说明。事实上，主谓谓语句是汉语句式的典型代表，独具汉语特色，有较高的使用频率。正因如此，本书在语料收集时发现，有相当数量的套接链，虽然符合兼环末尾导入新话题，并以零回指接续的要求，但是紧接着兼环的小句并不是动词谓语句形式。这种差异在与其英译对比时愈加显豁，例如：

(5) ①起先我ᵢ没怎么在意，②∅ᵢ吃到<u>最后一碗菜</u>ⱼ，③∅ⱼ底下又是一块猪肉。

（余华，《活着》）

英译：At first I didn't really pay attention to this, but as I ate the last dish, I discovered that there was again a piece of meat on the bottom.

(6) 那张是七月初的《沪报》，教育消息栏里印着**两张小照**，铜版模糊，很像乩坛上拍的鬼魂照相。

（钱锺书，《围城》）

英译：It was an early "Shanghai newspaper", with two small photographs in the educational news column. The plates were as blurry as the picture of a ghost taken at a divining altar.

以（5）为例，包含两个话题链，句段①②是以"我"为话题的旧话题链，新话题"最后一碗菜"在句段②的句末导入，于句段③以零形式接续，句段②③构成新话题链。然而，句段③中并无谓语动词与新话题配合，而是以主谓句形式对新话题展开说明。其中，主谓句的小主语"底下"是新话题"最后一碗菜"的一部分，二者构成双名词结构。但对比译文却发现，译者将句段③译为英文时，首先重新引入了旧话题"I"，并添补了谓语动词"discovered"以构成主谓结构，再对句段③的内容进行翻译，其中主谓句的小主语"底下"被处理为介词短语"on the bottom"置于句末，显然译文已不再是话题链结构，可见汉英语言在谓语表述上的确存在差异。

由此可见，屈承熹提出的"紧挨着兼环的小句必须有谓语动词与新话题在语义上配合"，尽管符合英语的句构要求，却不是汉语构句的完全写照，因此并非必要。本书作者认为，紧挨着兼环的小句只要围绕新话题展开说明，既确保新话题的选取，又保证其语义延续，则允许有多种类型的谓语形式，不要求一定是动词谓语。关于这一点，本书在对《活着》中的套接链进行梳理时，也发现了其他的类型表征。对此，我们拟于下文展开详细讨论。

第三，该点与话题链的不同界定有关。屈承熹指出，套接链虽然普遍，但却不像一个接一个出现的孤立的话题链那样常用。例(7)同样超出了句号界限，不是只有一个流水句，本书在此暂且聚焦话题链的情况，以此作为说明问题的佐证，但在本书的行文中，所举的流水句均在句号之内。先看例（7）：

(7) 甲：①咦，你懂不少中国字$_j$嘛！

乙：②∅$_i$我哪懂，

③∅$_i$都是我们教会的伏理牧师$_j$说的。

④他$_j$在中国台湾住过十年，

⑤∅$_j$会说很多的中国话，

⑥∅$_j$常常介绍一些中国的文化和中国台湾的风俗人情给我们。

（屈承熹，2006：258）

他认为，例（7）这段对话中包含两个不同的话题链，一个是由句段①②③组成，尽管三个句段不在同一话轮里，但由共同话题"中国话"联结起来；另一个以"他"为话题，由句段④⑤⑥构成。但屈承熹（2006：258）指出，虽然句段③包含了两个话题指涉对象"中国字"和"我们教会的伏理牧师"，但是它不是兼环，因为紧挨着句段③的小句是以代词形式"他"接续的，而不是以零回指起头。屈承熹之所以有这样的观点，跟他（屈承熹，2006：252）对话题链的界定有关："话题链是一组以零回指形式的话题连接起来的小句。"需注意的是，本书已于第五章进行过论述，本书所认定的话题链是"围绕同一话题展开的一组小句"，并不拘泥于话题的具体形式表现，紧挨着兼环接续新话题的，可以是同指零形式，也可以是同指代词或名词形式。因此，在本书中，我们将例（7）视为套接式话题链，句段③为兼环。

通过对以上三点的讨论，我们将套接式话题链的判定方式作了进一步的修改。前两点涉及新指涉对象的导入方式和该对象引入后的接续小句，第三点则有关后一话题链的话题形式表现。本书作者认为，如果完全按照屈承熹的判定方法，无疑将大大缩小了套接链的存在范围，不符合其作为"更为普通的链结构"的特点。

因此，笔者将屈承熹认定的套接链视为"严式套接链"，新的指涉对象必须位于兼环的句段末尾，在后一小句中以同指零形式话题接续，且紧挨兼环的句段必须有谓语动词，以在语义上与新指涉对象相配合。而本书基于"严式套接链"，相应地提出"宽式套接链"的类型，即在兼环的主语位置、宾语位置和限定语位置等均可导入新的指涉对象，该对象在后一小句中可以同指零形式出现，也可以同显性话题出现，只需保证新指涉对象的语义延续。此外，紧挨兼环的小句在形式上并不受限制，只要围绕新指涉对象展开相关论述即可。笔者在此提出"宽式套接链"的概念，也是与本书所采用的话题链概念"围绕同一话题展开论述的一组小句"保持一致，即只要保持话题的语义延续性，则话题出现的位置以及接续的方式均十分灵活。

下面我们拟将上文所述的"严式套接链"和"宽式套接链"概念应用于具体的流水句组构分析中，基于《活着》一书出现的套接链作进一步的梳理与分类，从而揭示流水句的另一内在组构方式。

8.3 两类套接链构成的流水句——以《活着》为例

经统计，在《活着》全书中由套接链组成的流水句一共有73例，其中，符合屈承熹认定的"严式套接链"的有3个，占套接链总数的4.1%；而"宽式套接链"有70个，占总数的95.9%。其中，宽式套接链根据不同的特征可再分为四个细类。

第一种类型是新的指涉对象在兼环的句段末尾导入，但该指涉对象在后一句段中以显性同指话题形式接续，即"句段末导入，显性形式接续"，不同于屈承熹所提的套接链的"第三点"。这种类别套接链组成的流水句一共有 17 个，占总数的 23.3%。

第二种类型是新的指涉对象在兼环的其他位置导入，如主语位置、宾语位置或限定语位置等，但该对象在后一句段中仍以同指零形式话题接续，即"其他位置导入，隐性形式接续"，不同于屈承熹套接链的"第一点"。这种类型套接链组成的流水句一共有 12 个，占总数的 16.4%。

第三种类型的套接链，相比于以上两种类型，条件更为宽松，因此，包含的流水句数量最多，一共有 34 句，占总数的 46.6%。在这一类型中，新的指涉对象既可以不在句段末尾导入，在后一句段中也不以同指零形式话题接续，即"其他位置导入，显性形式接续"。可以看出，它既不同于屈承熹的"第三点"，也不同于"第一点"。

第四种类型的套接链，对紧挨兼环的句段形式不作要求，只要仍围绕新的指涉对象展开相关论述即可，无须要求一定要出现谓语动词与新指涉对象配合，即"对紧挨着兼环的句段形式不作要求"。这一点不同于屈承熹的"第二点"。此类套接链组成的流水句一共有 7 句，占总数的 9.6%。见表 8.1。

表 8.1 套接式话题链的类型分布

类型	严式套接链	宽式套接链			
		第一种（个）	第二种（个）	第三种（个）	第四种（个）
数量（个）	3	17	12	34	7
合计（个）	3	70	—	—	—
占比（%）	4.1	23.3	16.4	46.6	9.6

然而，需要指出的是，宽式套接链虽然呈现不同的特点，但是都符合"前一话题链的最后一环，也是后一话题链的第一环"这一概念，满足"兼环"的基本特性，所以本书所指的套接链既包括"严式套接链"，也包括"宽式套接链"。我们拟于下文分别加以析述。

8.3.1　严式套接链构成的流水句

根据上文的界定，"严式套接链"是指新的指涉对象必须位于兼环的句段末尾，在后一小句中以同指零形式话题接续，且紧挨着兼环的句段必须是谓语动词，在语义上与新的指涉对象相配合。由此我们在《活着》一书中收集了 3 个符合该定义的套接链组成的流水句，从这一数据也可看出，严式套接链因其要求过于严格而适用范围受限。试看：

(8) ①犁田的老牛ᵢ或许已经深感疲倦，②它ᵢ低头伫立在那里，③∅ᵢ后面赤裸着脊背扶犁的<u>老人ⱼ</u>，④∅ⱼ对老牛的消极态度似乎不满，⑤他ⱼ嗓音响亮地对牛说道：……

(9) ①周围ᵢ静得什么声响都没有，②∅ᵢ只有这样一个<u>声音ⱼ</u>，③∅ⱼ长久地在那里转来转去。

(10) ①我ᵢ不用看他，②∅ᵢ就是去看<u>他和凤霞在墙上的影子ⱼ</u>，③∅ⱼ也让我难受的看不下去。

例（8）是由两个话题链构成的流水句。其中，第一个话题链以"老牛"为话题，由句段①②③构成，第二个话题链以"老人"为话题，由句段③④⑤构成，"旧链未完，新链已起"。其中，句段③为兼环，由存现句引入新的指涉对象，紧挨着兼环的句段④有谓语动词"对……不满"与新的指涉对象"老人"在语义上相配合。例（9）同样如此，句段①②组成了以"周围"为话题的话题链，句段②③组成以"声音"为话题的又一话题链，②为存现句，作为兼环引入新的指涉对象"声音"，紧挨兼环的句段③中包含谓语动词"转来转去"与新的指涉对象"声音"相容。例（10）的兼环虽然不是典型的存现句，但是正如屈承熹所说，句段末尾也由名词性短语"他和凤霞在墙上的影子"引出了新的指涉对象，并且与后一句段中的"让我难受"语义相配合,因而也符合兼环的基本要求,所以该句同样是由套接链组成的典型流水句。其实,这也是卢达威(2021)提到的层继推进的一种方式"兼语话题转换"。下面我们看"宽式套接链"的各个类别。

8.3.2 宽式套接链构成的流水句

8.3.2.1 句段末导入,显性形式接续

这类套接链组成的流水句在《活着》一书中总共有 17 句,占总数的 23.3%。我们已于上文提及,这一类型关涉话题链的不同判定方式。本书并不拘泥于话题的具体表现形式,因而在紧挨着兼环的句段中,即使话题没有以同指零形式话题接续,只要与新的指涉对象所指相同,我们就可以在后一句段中重提话题,这就是"句段末导入,显性形式接续"。而重提的方式可以是同指名词性短语,如例(11)和(12),试看:

(11) ①我$_i$想了想,②∅$_i$还是去找<u>住在绸店隔壁的林郎中$_j$</u>,③<u>这个老头$_j$</u>是我丈人的朋友,④∅$_j$看在家珍的份上他也会少收些钱。

(12) 我$_i$爱往妓院钻,∅$_i$听那些风骚的女人整夜<u>叽叽喳喳和哼哼哈哈</u>,那些声音$_j$听上去像是在给我挠痒痒。

例(11)为包含两个话题链的流水句。前一个话题链由句段①和句段②构成,话题是"我";后一个话题链由句段②③④构成,话题是"住在绸店隔壁的林郎中"。不难看出,句段②充当兼环,新的指涉对象"住在绸店隔壁的林郎中"在句段末尾引入,但在后一句段③该对象以同指名词性短语"这个老头"接续,从而得到延续。例(12)同样如此,以"那些声音"接续新的指涉对象"叽叽喳喳和哼哼哈哈",不同于屈承熹的"严式套接链"。下文四例流水句是

以同指代词形式和原形复制接续新的指涉对象的情况，试看：

(13) ①当家珍给她$_i$换上一件水红颜色的衣服时，②她$_i$不再看我，③∅$_i$低着头让家珍给她穿上衣服$_j$，④那$_j$是家珍用过去的旗袍改做的。

(14) ①我$_i$没有作声，②∅$_i$偷偷看看我娘和家珍$_j$，③她们$_j$两个都泪汪汪地看着我的肩膀。

(15) ①家珍$_i$端着一大盆衣服从池塘边走上来，②∅$_i$遇到了跑来的王喜$_j$，③王喜$_j$说：……

(16) ①凤霞$_i$来叫我，②∅$_i$叫了几次看到棺材的形状出来了，③她$_i$才觉察到了一些，④∅$_i$睁圆了眼睛做手势问我$_j$，⑤我$_j$心想凤霞也该知道这些，⑥∅$_j$就告诉了她。

例（13）内包含两个话题链，前后话题链由兼环句段③连接，新的指涉对象"衣服"在句段④中由指示代词"那"接续，从而构成新的话题链。例（14）中新的指涉对象"我娘和家珍"在句段③中以人称代词"她们"接续。而例（15）中，兼环句段②中新的指涉对象"王喜"在句段③中以原形复制的形式接续下来，例（16）同样如此。对此，许余龙（2004/2021）曾指出，若将话题从一个实体转换为另一实体，那么表示那个实体的有定描述语需在后一小句的话题位置重复一次。这一观点与本节所论述的宽式套接链不谋而合，导入的新话题在兼环的后一小句需以有定描述语形式重新提及一次。

8.3.2.2 其他位置导入，隐性形式接续

我们已于上文论及，就新话题的导入方式来看，其他非句段末尾的位置，如主语位置、宾语位置和限定语位置等都可以导入新的指涉对象，只要后一句段接续新对象展开相关论述，就实现了新话题的语义延续，就可以将其视为一个新的话题链。我们的这一发现

是区别于屈承熹套接链的"第一点",而新的指涉对象仍以同指零形式接续不变,这就是"其他位置导入,隐性形式接续"。我们在《活着》中找到了 12 个这样的流水句,占总数的 16.4%。

先看由主语位置导入新的指涉对象的情况,其中包含两种不同类型。一种是在兼环中,前一话题链的话题与后一话题链的话题构成双名词结构,后一话题链的话题因为是新的指涉对象,因而必须显性出现,而前一话题链的话题作为旧话题,可以隐性出现,如例(17)和例(18),也可以显性出现,如例(19),试看:

(17) ①我$_i$就这样迷迷糊糊地走到了城外,②有一阵子我$_i$竟忘了自己输光家产这事,③∅$_i$<u>脑袋里</u>空空荡荡,④∅$_j$像是被捅过的马蜂窝。

(18) ①家珍$_i$自己也笑了,②她$_i$站起来试着再挑,③∅$_i$<u>那两条腿</u>$_j$就哆嗦,④∅$_j$抖得裤子像是被风吹的那样乱动起来。

(19) ①有庆$_i$喝得急,②∅$_i$第一个喝完,③∅$_i$张着嘴大口大口地吸气,④他$_i$<u>嘴</u>$_j$嫩,⑤∅$_j$烫出了很多小泡,⑥∅$_j$后来疼了好几天。

在例(17)中,前一话题链包括句段①②③,围绕"我"展开,后一话题链包括句段③④,围绕"脑袋"展开,两个话题链依靠兼环③衔接,其中前一话题链的话题"我"与后一话题链的话题"脑袋"组成双名词结构,只是"我"在兼环中以同指零形式出现。而"脑袋"在兼环中处于主语位置,且并不在句段末尾,但接续的小句选取了主语位置的名词性成分作进一步说明,因此,构成了新话题链。例(18)同样如此,兼环句段③中新的指涉对象"那两条腿"在主语位置导入,继而在句段④中得到接续,构成新的话题链。例(19)中兼环的句段④"他嘴嫩",包含了两个名词性成分,其中的"他"是前一话题链的句段①②③④的话题,"嘴"是后一话题链的句段④⑤⑥的话题,两者均显性出现,构成了双名词结构。

继而"嘴"在后续句段被选取,④⑤⑥构成了以"嘴"为话题的新话题链。

另一种在主语位置引入新指涉对象的兼环,在结构上是一个复句,由两个小句联结而成,并且两小句之间有显性关联词联结,如"……时……""一……就……"等。兼环中前一小句的话题往往是前一话题链的话题,后一小句的话题往往是后一话题链的话题。此外,前一话题可以隐性出现,如例(20)和例(22),也可以显性出现,如例(21);后一话题因导入新的指涉对象,一般显性出现,试看:

(20)①牛$_i$是半个人,②它$_i$能替我干活,③<u>∅$_i$闲下来时我$_j$</u>也有个伴,④∅$_j$心里闷了就和它说说话。

(21)①里面有个胖胖的妓女$_i$很招我喜爱,②<u>她$_i$走路时**两片大屁股**$_j$</u>就像挂在楼前的两只灯笼,③<u>∅$_j$</u>晃来晃去。

(22)①家珍$_i$叫他吃饭,②<u>∅$_i$叫一声他$_j$</u>就进来坐到桌前,③∅$_j$吃完饭背起书包绕到村里羊棚那里看看,④∅$_j$然后无精打采地往城里学校去了。

例(20)是包含两个话题链的流水句,前一话题链由句段①②③构成,以"牛"为话题,后一话题链由句段③和句段④构成,以"我"为话题。其中,句段③为兼环,并且是一个复句,由"闲下来时"和"我也有个伴"两个小句组成,之间通过显性关联词语"……时……"联结。其中前一个小句的话题"我"来自旧话题链,但在此处是以同指零形式表示,而后一小句的话题来自"我也有个伴"的主语位置,继而在句段④中接续,共同组成新的话题链。例(21)同样如此,兼环句段②为两个小句"她走路时"和"两片大屁股就像挂在楼前的两只灯笼"构成的复句,两小句之间使用了显性关联词"……时……"。其中,"她"为旧话题链的话题,"两片大屁股"为新话题链的话题。

例（22）同样是包含套接式话题链的流水句。旧话题链由句段①②构成，以"家珍"为话题，新话题链由句段②③④构成，以"他"为话题。句段②为兼环，是小句"叫一声"和小句"他就进来坐到桌前"构成的复句，之间依靠显性关联词"一……就……"联结，其中前一小句的话题"家珍"在此处以隐性形式出现，而后一小句的话题"他"显性出现，继而作后一话题链的话题。

下面我们看后一话题链中的话题来自兼环中的限定语位置，如例（23）和宾语位置，如例（24）：

(23) ①牛$_i$到了家，②∅$_i$也是<u>我$_j$家里的成员</u>了，③∅$_j$该给它取个名字，④∅$_j$想来想去还是觉得叫它福贵好。

(24) ①我$_i$一点都没察觉，②∅$_i$洗完脸我把毛巾往盘子里一扔，③∅$_i$<u>拿起骰子$_j$</u>拼命摇了三下，④∅$_i$掷出去一看，⑤∅$_j$点数还挺大的。

例（23）是由两个话题链构成的流水句，前一个是以"牛"为话题的旧话题链，由句段①②组成，后一个是以"我"为话题的新话题链，由句段②③④构成，两个话题链依靠兼环句段②衔接。在兼环中，前一话题链的话题"牛"以同指零形式出现，而后一话题链的话题"我"位于宾语"我家里的成员"的限定语位置，在后续句段中该限定语被选取，继而围绕"我"作进一步接续，实现了"我"的语义延续，从而构成了新的话题链。例（24）中，前一话题链由①②③组成，话题是"我"，后一话题链由句段③④⑤组成，话题是"骰子"，其中新引入的指涉对象"骰子"位于兼环的宾语位置，不在句段末尾，但仍不妨碍其被选取为后面话题链的话题。

在数据分析中，我们发现，在这一类型的套接链中，新的指涉对象来自兼环的限定语位置或宾语位置的例句，数量较少，其数量远远低于下文"其他位置导入，显性形式接续"的类型。主要原因是出于避免歧义，如例（23）之所以可以使用同指零形式话题接续新的指涉对象,是因为"牛"和"我"在语义上有较大的区分度,因而在后文中不会引起误解;例(24)同样如此,"我"和"骰子"在语义上差别较大。但在"其他位置导入,显性形式接续"类型的套接链中,兼环中的新话题和旧话题指涉对象往往都是人物,在后续句段中容易引起歧义,因而需要以显性话题形式重提新的指涉对象。下面我们详细来看。

8.3.2.3 其他位置导入,显性形式接续

第三种类型套接链组成的流水句,综合以上两种类型的特点,即新的指涉对象既不在句段末尾导入,在后一句段中也不以同指零形式话题接续。可以看出,这种类型的套接链限制较少,因而组成的流水句数量最多,在《活着》全书中一共有34句,占总数的46.6%。

在主语位置引入新的指涉对象的流水句,我们找到了1例。这类套接链的兼环,与上文中的例(20)、例(21)和例(22)类似,在结构上是一个复句,由两个小句联结而成,由显性关联词联结,但区别在于例(25)中新的指涉对象在紧挨着兼环的小句中以显性话题形式出现。试看:

(25) ①村里三头牛和二十多头羊$_i$全被关在一个棚里,②那群牲畜$_i$一归了人民公社,③∅$_i$就倒楣了,④∅$_i$常常挨饿,⑤有庆$_j$一进去∅$_i$就会围上来,⑥有庆$_j$就对着它们叫:……

例(25)是由套接式话题链组成的流水句。旧话题链由句段①②③④⑤构成,以"村里三头牛和二十多头羊"为话题,新话题链由句段⑤⑥构成,以"有庆"为话题。句段⑤为兼环,是小句"有庆一进去"和小句"就会围上来"构成的复句,之间依靠显性关联词"一……就……"联结。其中较为特殊的是,兼环中前一小句的话题"有庆"是后一话题链的话题,而后一小句的话题"村里三头

第八章 套接式话题链与流水句的组构

牛和二十多头羊"是前一话题链的话题,但在兼环中以同指零形式出现。然而,根据兼环的概念,只要满足最基本的"既是前一个话题链的最后一环,又是后一个话题链的第一环"即可,与兼环内部新旧话题的顺序无关,只要实现了新话题的语义延续,并不妨碍以套接的形式将前后两个话题链串联一起。

下面我们看新的指涉对象来自兼环中的限定语位置的流水句,试看:

(26)①我$_i$什么话也不去说,②∅$_i$蹲下身子把牛$_j$脚上的绳子解了,③∅$_i$站起来后拍拍**牛**$_j$的脑袋,④这牛$_j$还真聪明,⑤∅$_j$知道自己不死了,⑥∅$_j$一下子站起来,⑦∅$_j$也不掉眼泪了。

(27)①凤霞$_i$跑得太快,②∅$_i$在田埂上摇来晃去,③∅$_i$终于扑到了**家珍**$_j$腿上,④抱着有庆的家珍$_j$蹲下去和凤霞抱在一起。

(28)①我$_i$的脖子上越来越湿,②我$_i$知道那是**家珍**$_j$的眼泪,③家珍$_j$说:……

例(26)是由两个话题链构成的流水句。前一个是以"我"为话题的旧话题链,由句段①②③组成,后一个是以"牛"为话题的新话题链,由句段③④⑤⑥⑦构成,两个话题链依靠兼环③衔接。在兼环中,前一话题链的话题"我"以同指零形式出现,而后一话题链的话题"牛"位于宾语"牛的脑袋"的限定语位置,在后续句段中该限定语被选取,继而围绕"牛"作进一步接续,实现了"牛"的语义延续,从而构成了新的话题链。

例(27)同样如此,前一话题链的句段①②③以"凤霞"为话题,新话题"家珍"由兼环句段③导入,为兼环中动词宾语"家珍腿上"的限定语,继而在句段④中以有定名词词组"抱着有庆的家珍"的形式接续,句段③④构成新话题链,且有定名词词组对新话题"家珍"起到了补充说明的作用。而在例(28)中,新的指涉对象"家珍"来自宾语"家珍的眼泪",而"家珍的眼泪"又是"我知道"的宾语从句"那是家珍的眼泪"中的宾语。后续句段提取了限定语"家珍"作进一步的说明,从而实现了"家珍"的语义延续。

新的指涉对象来自兼环中的宾语位置,这一类型的流水句数目最多,在《活着》中共有27句。其中,重提的话题形式可以是原形复制,如例(29)和例(30);也可以是同指名词性短语,如例(31)和例(32),试看:

(29)①凤霞$_i$是天天坐在田埂上陪我$_j$,②她$_i$采了很多花放在腿边,③∅$_i$一朵一朵举起来问我$_j$叫什么花,④我$_j$哪知道是什么花,⑤∅$_j$就说:……

(30)①一清早我就把苦根$_i$拉到棉花地里,②∅$_i$告诉他$_j$今天要摘完,③苦根$_i$仰着脑袋说:……

(31)①我$_i$坐在爹娘的坟前,②∅$_i$把儿子抱着不肯松手,③我$_i$让<u>他的脸</u>$_j$贴在我脖子上,④有庆的脸$_j$像是冻坏了,⑤∅$_j$冷冰冰地压在我脖子上。

(32)①老人$_i$说着站了起来,②∅$_i$拍拍屁股上的尘土,③∅$_i$向<u>池塘旁的老牛</u>$_j$喊了一声,④那牛$_j$就走过来,⑤∅$_j$走到老人身旁低下了头。

现以例(29)为例,该句是由两个话题链构成的流水句。前一话题链以"凤霞"为话题,由句段①②③组成,兼环为句段③,在宾语位置引入新的指涉对象"我",继而新话题在句段④中原形复制,实现了语义延续,从而与句段⑤构成后一话题链。在后续句段④中重提一下新的指涉对象,使得句子更加通顺、畅通。例(32)同样如此,句段①②③构成前一话题链,以"老人"为话题,新话题"池塘旁的老牛"在兼环中为介词宾语,继而在后续句段④中以"那牛"同指名词形式接续,并延伸至句段⑤,因此,句段③④⑤构成新话题链。在《活着》一书中，以指示代词"这""那"加名词的形式较为常见，与其朴素的民间化语言风格相吻合，更贴近农民的生活。

8.3.2.4 对紧挨着兼环的句段形式不作要求

我们已于上文谈及，第四种类型的套接链，对紧挨兼环的小句不作形式要求，只需围绕新指涉对象展开进一步的相关论述，实现新对象的语义延续，则不一定非得出现谓语动词与新指涉对象在语义上相配合。此类套接链构成的流水句在长篇小说《活着》中一共有7个，占总数的9.6%，现举例如下：

(33) ①起先我$_i$没怎么在意，②∅$_i$吃到**最后一碗菜**$_j$，③∅$_j$底下又是一块猪肉。

(34) ①我$_i$是丈二和尚摸不着头脑，②∅$_i$不知道立了什么大功，③∅$_i$等他们走近了，④我$_i$看到两个村里的年轻人抬着一块乱七八糟的<u>**铁**</u>$_j$，⑤∅$_j$上面还翘着半个锅的形状，和几片耸出来的铁片，⑥一块红布挂在∅$_j$上面。

(35) ①那个夏天我$_i$还差一点谈情说爱，②我$_i$遇到了一位赏心悦目的<u>**女孩**</u>$_j$，③她$_j$黝黑的脸蛋至今还在我眼前闪闪发光。

(36) ①我$_i$也没怎么在意，②∅$_i$想想**她**$_j$年纪大了，③∅$_j$眼睛自然看不清。

例（33）我们已于上文进行过讨论，现重新标为（33）。该句前一话题链以"我"为话题，由句段①和②构成，句段②的句段末尾引入了新的指涉对象"最后一碗菜"，紧挨着句段②的句段③围绕该对象作了进一步叙述，因而句段②和句段③组成另一话题链，因此，句段②为连接前后话题链的兼环。若按照屈承熹的标准，"紧挨着兼环的小句必须有谓语动词与新指涉对象在语义上相配合"，但句中"最后一碗菜"与"又是一块猪肉"显然不符合要求，"又是一块猪肉"是对"最后一碗菜底下"作的说明。而"底下"与"最后一碗菜"之间存在"部分"与"整体"的语义关系,我们已于第五章中"同一话题链中的零形式是否同指"一节作过分析,"部分"与"整体"可以实现话题的延续。因而,紧挨着兼环的小句没必要必须是谓语动词。例(35)同样如此,句段②末尾导入的新指涉对象"一位赏心悦目的女孩",其后一句段对"女孩"的"黝黑的脸蛋"作了进一步介绍,实现了"女孩"的语义延续,因而句段②和句段③组成新的话题链,但句段③为主谓齐全小句,句首为双名词结构。

8.4 联结两个以上套接链的流水句——以《活着》为例

上文所分析的流水句是两个话题链在兼环的作用下联结在一起,其应用更为广泛。此外,我们于本章的8.2已提出,有的套接链结构较为复杂,可以由两个兼环连接三个套接链。这种类型的套接链所组成的流水句,我们在长篇小说《活着》中发现2个,试看:

(37) ①我$_i$整日张大嘴巴打着呵欠,②∅$_i$散漫地走在田间小道上,③<u>我$_i$的拖鞋$_j$</u>吧哒吧哒,④∅$_j$把那些小道弄得<u>尘土飞扬</u>$_k$,⑤∅$_k$仿佛是车轮滚滚而过时的情景。

(38) ①我没理他$_i$,②体育老师$_i$一放开我$_j$,③我$_j$就朝<u>一个医生</u>$_k$扑过去,④那医生$_k$转身就逃。

以(37)为例。该流水句内部一共有三个话题链。其中,第一个话题链以"我"为话题,由句段①②③组成,"我的拖鞋"与"我"是"所属"与"领属"的关系,我们已于第五章论及,这样的语义关系仍属于同一话题链。第二个话题链以"我的拖鞋"为话题，由句段③④组成，因此句段③为第一话题链与第二话题链之间的兼环，新的指涉对象"我的拖鞋"在兼环的主语位置导入，在后一句段中以同指零形式接续。第三个话题链以"尘土飞扬"为话题，由句段④⑤组成，因此，句段④为第二话题链和第三话题链之间的兼环，新的指涉对象在后一句段以同指零形式出现。因此，例（37）是由两个兼环句段③和句段④连接了三个话题链组成的复杂流水句。

8.5 小　结

本章通过对屈承熹笔下的"套接式话题链"进行重新分析，提出了套接式话题链的不同界定标准，从而将套接式话题链分为"严式套接链"和"宽式套接链"两种不同类型。继而结合长篇小说《活着》一书中的语料，对套接式话题链构成的流水句展开了进一步的细化与分类，发现"宽式套接链"构成的流水句还可以分为以下四种情况：①句段末导入，显性形式接续；②其他位置导入，隐性形式接续；③其他位置导入，显性形式接续；④对紧挨着兼环的句段形式不作要求。

通过研究可以发现，正是由于套接这种连接形式，使得流水句中的句段可以在多个话题链之间自然衔接，在"兼环"作用下，各句段可暗中更换话题而不露痕迹，其间不存任何停顿，只要能保持语义延续与相关接续，行文便可自如发展。因而在套接式话题链在结构较为复杂的流水句组构中发挥了重要作用。

此外，在分析中我们也不难发现，"套接式话题链"内部分型较为复杂，需要引起我们更多的关注。鉴于本书是建基于《活着》一书中的流水句例句，因而我们在此所发现的现象可能远未穷尽"套接式话题链"的所有情况，需要采集更多文本，丰富语料来源，才能获取对"套接式话题链"更为全面的了解。

第九章

结 语

9.1 引 言

自吕叔湘先生于1979年首次提出"流水句"这一概念以来,学界对流水句的特征描写、类型划分、成因分析等方面已展开较为详细的考察,但对流水句的研究远未深入,甚至连关于流水句的界定也是众说纷纭,始终缺少一个能为学界所普遍认可的定义,并且目前学界对流水句的内在组构方式更是鲜有触及。流水句外在结构松散,句段的句式类型多样,其间很少使用显性关联词语,其内在组构究竟是通过怎样的方式得以联结的呢?为追问这一问题,笔者通过汇总学界以往研究流水句时所举的例句,并收集经典文学作品《活着》中的实际语料,采用实证与思辨、定性与定量相结合的考察方法,探究、考证了流水句独具特色的表达方式背后隐伏的本质属性,对流水句进行重新界定,以此为基础,对流水句的内在组构方式展开了较为详细的探讨。

本书作者对流水句主要作了两个方面的研究:一是针对流水句

本身的认识问题，本书借鉴"零句说"的思想精髓，提出了判定流水句的四个要素及其层级性关系，揭露了流水句的零散本质，同时对流水句作了重新界定，为本书的研究奠定了基础和前提；二是本书作者在梳理与研判话题链基本议题的基础上，探究结构层次简单的单一话题链，以及层次复杂的内嵌链和套接链构成的流水句类型，以审视流水句的内在组构方式。

本书作者重新界定流水句，旨在框定流水句的范围，明确其研究对象，依凭话题链视角探视流水句的内在组构方式，以期在进一步推动并提升流水句理论研究的同时，力图揭示汉语连词成句的特殊规律。此外，将话题链应用于流水句分析，在一定程度上也能促进话题链分析方法进一步走向深入和完善。

9.2　研究的主要发现

对流水句第一方面的研究，即对流水句本身的认识问题，涵盖本书的第三章和第四章，主要有以下三点发现：

其一，流水句的判定要素有四个方面："一般不用关联词语""句段句式类型多样""句段主语时常隐含"和"多个不同主语共现"。这四个判定要素具有一定的层级性特征，按其发挥作用的大小依次为句段句式类型多样 > 句段主语时常隐含 > 多个不同主语共现 > 一般不用关联词语。其中，"句段句式类型多样"和"句段主语时常隐含"为关键要素，"多个不同主语共现"为辅助要素，而"一般不用关联词语"为边缘要素。一个句子可能具备所有特征、一部分特征或少部分特征，因此，流水句的典型性也体现了明显的连续体（continuum）形式，最典型的流水句具有所有的零散特征，是流水句的原型成员。而不太典型的流水句所具备的特征较少，但它们仍属于流水句，只是其典型性有所降低。

其二，零散特征是流水句的本质属性，具体表现在以下"零"和"散"两个层面。

"零"对应"句段主语时常隐含"和"句段句式类型多样"。前者指流水句的句段主语时常隐含，与主谓齐全的整句相比，是隐含了主语的零句，外在形式较为零碎；后者指零句可以直接作流水句句段，也可以组成整句句段，多种形式均可参与流水句的构建；"散"对应"一般不用关联词语"和"多个不同主语共现"。前者指句段之间罕用关联词，外在结构比较松散；后者指分述不同主语的整句句段铺排并置，对多个对象进行散点式地堆叠，句式整体显得流散、疏放。据此，本书作者将流水句重新界定为：流水句是具有零散特征的多个句段的组合。

其三，基于对流水句层级性判定要素的分析，并结合流水句判定"四三常规、二一受限"的规律，本书作者提出流水句识别机制如下：

第一步：判断句子是否具有特殊的结构形式，如总—分—总结构、总—分结构、分—总结构、排比结构等，或有无过多关联词。若是有，则直接视为非流水句，不作下一步分析；若否/无，则进入第二步。

第二步：判断句子是否满足两个关键要素："句段类型多样"和"句段主语隐含"。若同时具备，则视为流水句；若不同时具备，则是否满足以下条件：

①句段均为整句，并存在多个主语；
②句段均为名词性短语构成的零句；
③句段均为动词性短语构成的零句；
④句段以零句为主，尤以名词性短语堆叠最为明显。

若满足条件①～条件④中的任意一条，则一般视为流水句。而关于关联词的使用与否，本书作者认为，流水句中多半没有关联词，若出现个别关联词，基本不影响流水句身份的认定，但其典型性可

第九章 结 语

能会降低。

  本书作者在讨论了第一方面"对流水句自身的认识问题"后，继而聚焦于流水句的第二方面"流水句的内在组构方式"作出进一步探究，覆盖第五章至第八章。通过举证和论析，本书作者有以下四点发现：

  第一，本书将话题链定义为"围绕同一话题展开的一组小句"，认为话题的语义延续是话题链的根本，共同话题才是话题链得以延续的前提，应将"话题是否发生转换"作为判断话题链的唯一标准。以此为基础，本书对由不同话题链类型构成的流水句的内在组构方式展开研究。其中，由单一话题链构成的简单流水句，其各句段往往共享同一话题，仅由一个层次简单的话题链组成。根据话题链中述评部分的不同形式，由单一话题链构成的流水句可以分为："连续动词性短语构成的单一话题链"和"多种句式类型构成的单一话题链"两种不同类型。

  第二，本书继而探讨了由多重层次结构混合而成的流水句，着重探讨话题链中的插入成分，并探讨插入成分的具体类型与语篇功能。研究发现，话题链中的插入成分有话题链和内嵌小句两种类型。当插入成分为话题链时，插入的子话题可由子话题链直接导入，也可取主话题链中的某一成分作为子话题。而当插入成分为内嵌小句时，该小句可与主话题链中的某一环形成子话题链，也可作为独立结构垂悬于主话题链中。而从定景机制的分析视角出发，根据内嵌式话题链中插入成分与主话题链之间的关系，插入成分大致发挥三种功能：信息补充、场景描写和叙事推动。其中，前两种功能是基于以往的研究归纳所得，而第三种功能为本书作者的新发现。研究发现，不应将话题链中的插入成分一概而论，将其一并视为仅起辅助作用的后景信息，而是应该根据插入成分在话题链中所起的实际作用，作出针对性的判断。

  第三，关注话题链与话题链之间的关系，探析套接式话题链在流水句组构中的实际作用。对此，本书作者提出了"严式套接链"和"宽式套接链"的区别。其中，"严式套接链"是指新的指涉对象必须在兼环的句段末尾出现，在后一小句中以同指零形式话题接续，且后一小句必须有谓语动词在语义上与新指涉对象相配合。"宽式套接链"是指在兼环的主语、宾语和限定语等位置均可导入新的指涉对象，且该对象在后一小句中可以同指零形式出现，也可以显性话题出现，只需保证新指涉对象的语义延续即可。此外，紧挨着兼环的小句在形式上不受限制，只要围绕新指涉对象展开相关论述即可。再者，"宽式套接链"可再分为四个细类，分别为：①句段末导入，显性形式接续；②其他位置导入，隐性形式接续；③其他位置导入，显性形式接续；④对紧挨着兼环的句段形式不作要求。

  第四，基于对流水句以上两方面的研究和分析，本书作者认为，流水句的内在组构方式可总结如下：流水句可以由层次单一的话题链构成，整个流水句共享同一个话题，仅由一个话题链组成；也可以由多重层次混合而成，话题链内部可插入其他话题链或内嵌小句；还可以是多个话题链之间的套接，在兼环的连接下，流水句内部各句段暗中更换话题而不露痕迹，其间不存在任何停顿，只要保持语义同指与相关接续，行文便可自如发展。

9.3　研究的不足与展望

  以上是本书作者的主要研究发现和结论。下面是本书研究中尚存在的不足，结合今后的研究可归纳为四点：

  第一，本书作者在对长篇小说《活着》中的语料进行梳理时发现，流水句的组构除本书分析的几种主要方式外，还存在其他联结方式，如词汇联结等，较为零碎，本书对此尚未展开详细论述，例如：

(1) ①我看着娘的脸苦笑地点点头，②我听到娘一惊一乍地说着什么，③我不再看她，④推门走到了自己屋里，⑤正在梳头的家珍看到我也吃了一惊，⑥她张嘴看着我。

(2) 王喜将我爹的身体翻了翻，摸出一块拳头大的石头扔到一旁，我爹重新又斜躺在那里，轻声说：……

(3) ①我娘一看到是从小在我家长大的长根，②赶紧迎了上去，③长根抹着眼泪说：……

可以看出，例（1）由两个不同的话题链构成，其中句段①②③④为以"我"为话题的话题链，而句段⑤⑥构成以"家珍"为话题的话题链。第一个话题链①②③④中的话题"我"在第二个话题链⑤⑥中作"看到"的直接宾语，两个话题链依靠代词"我"衔接在一起。例（2）同样如此，以名词短语"我爹"将前后两个话题链联结在一起，例（3）则通过"长根"将句段①②组成的话题链与非话题链③联结在一起。不难看出，以上三例并不能按照本书所讨论的话题链组构方式分析，其内部的勾连显然来自词汇的联结，以及还有更多的连接方式的实例，我们拟于以后的研究中展开探索。

第二，话题链不能解释所有的语言现象。撇开《活着》一书中的流水句语料不谈，我们发现还有一些句子，难以从话题链的视角展开剖析，试看：

(4) 接着，他继续设想，鸡又生鸡，用鸡卖钱，钱买母牛，母牛繁殖，卖牛得钱，用钱放债，这么一连串的发财计划，当然也不能算是生产的计划。

(马南邨，《燕山夜话》)

(5) 挽臂重扣，狠狠地，一槌，一槌，又一槌，一百，两百，三百，……砰！砰！砰！……训练大厅宽大的房顶和空荡荡的四壁在回响着。

(《体育报》1981年12月4日)

(6) 小王放下书包,把球扔出去,正好砸到窗户,玻璃打坏了,碎片伤了小明,手破了,流了不少血,淋到衣服上,红了一大片,怎么也止不住,哇哇大哭起来。

(宋柔,1992)

现以句(5)为例,该句是由12个大小语块铺排而成,第一个句段为谓词短语,其后副词短语"狠狠地"为对上文扣球动作的进一步修饰,最后一个句段是句中唯一主谓齐全的整句句段,其余9个句段均为离散的名词短语堆叠,难以用话题链贯串起来。其他两例同样如此,如果付诸话题链这一联结方式进行解释,似乎也是难以走通。由此可见,话题链并不能解释汉语所有的流水句现象。有些句子不便用话题链进行分析,有些句子用话题链分析则多此一举,强行找寻话题容易使简单问题复杂化。关于这一类别的流水句组构方式,是我们下一步研究的重点内容。

第三,话题链适用的文体有限,以及语料扩充的必要性。一般来说,话题链研究的语料选择多以叙事问题为主,事件往往围绕一个或多个中心人物展开。但对于其他的文体,如说明文和议论文,则比叙事文使用话题链的情况要少,且非人称指代构成话题链的能力比人称指代要弱(屈承熹,2006:270),因此,话题链的使用频率较低。此外,在本书分析中定景机制的应用,也主要集中在对叙事文体的分析,但通过作者对流水句使用范围的观察可知,流水句的适用范围除叙事体外,还有描写体。而本书目前主要聚焦的是叙事体,并且仅以小说《活着》为主要语料来源,具有一定的局限性。在以后的研究中,作者将扩大样本容量,收集更多的例句,以发现更丰富的流水句类型。此外,描写类的流水句也将是作者今后研究的"重头戏"。

第四,在定景机制的研究中,前景与后景不仅表现为篇章功能的差异,而且二者也对应一系列句法属性的不同。本书第七章作为插入成分与主话题链关系探究的初步尝试,尚未基于插入成分的句法属性对其前、后景配置进行探究。对此,作者拟在今后的研究中作进一步探讨。

  本书作者对汉语流水句的考察以及对其的一些挖掘、归纳、拓展和总结,只是在前人研究的基础上朝前迈出了小小的一步,兴许仍然存在纰漏,但诚如战国末期的思想家荀子在《劝学篇》中所言:"不积跬步,无以至千里;不积小流,无以成江海。"只要锲而不舍,对汉语流水句研究终将至千里,乃至万里之境。

参引文献

外文文献

[1] CHAO Y R. A grammar of spoken Chinese [M]. Berkeley and Los Angeles: University of California Press, 1968.

[2] CHEN P. Referent introducing and tracking in Chinese narratives [D]. Los Angeles: University of California, 1986.

[3] CHEN P. Aspects of referentiality [J]. Journal of Pragmatics, 2009 (8): 1657 – 1674.

[4] CHU C. A discourse grammar of mandarin Chinese [M]. New York: Peter Lang, 1998.

[5] DANES F. Papers on functional sentence perspective [M]. The Hague: Mouton, 1974.

[6] FRIES P H, Francis G. Exploring theme: problems for research [J]. Occasional Papers in Systemic Linguistics, 1992 (6): 45 – 59.

[7] DIXON R M W. The dyirbal language of north queensland [M]. Cambridge: Cambridge University Press, 1972.

[8] HIRSCH E D, KETT J F, TREFIL J S, et al. The new dictionary of cultural literacy [M]. Boston and New York: Houghton Mifflin Harcourt, 2002.

[9] GIVÓN T. Beyond foreground and background [M]// TOMLIN R S. Coherence and grounding in discourse. Amsterdam: John Benjamins, 1987: 173 – 188.

[10] GUNDEL J. The role of topic and comment in linguistic theory [M]. Austin: University of Texas, 1974.

[11] GUNDEL J. The Role of Topic and Comment in Linguistic Theory [M]. New York: Garland, 1988.

[12] GUNDEL J. Universals of topic - comment structure [M]//HAMMOND M, MORAVCSIK E, WIRTH J. Studies in Syntactic Typology. Amsterdam: John Benjamins, 1988: 209 - 239.

[13] HALLIDAY M A K, HASAN R. Cohesion in English [M]. Routledge, 2014.

[14] HALLIDAY M A K, Hasan R. Text and context: aspects of language in a social - semantic perspective [A]. Sophia Linguistics: Working Papers in Linguistics 6. Tokyo: Sophia University, 1980.

[15] HOCKETT C. A course in modern linguistics [M]. New York: Macmillan, 1958.

[16] HOEY M. Patterns of lexis in text [M]. Oxford: Oxford University Press, 1991.

[17] HOPPER P J. Aspect and foregrounding in discourse [M]//Givon T. Discourse and syntax. New York: Academic Press, 1979b: 213 - 41.

[18] HOPPER P J, Thompson S A. Transitivity in grammar and discourse [J]. Language, 1980 (56): 251 - 99.

[19] LAMBRECHT K. Information structure and sentence form [M]. Cambridge: Cambridge University Press, 1994.

[20] LI C N, THOMPSON S A. Subject and topic: a new typology of language [M]//InLi C N. Subject and topic. New York: Academic Press, 1976: 457 - 498.

[21] LI C N, THOMPSON S A. Third - person pronouns and Zero - anaphora in Chinese discourse [M]//In Givon T. Syntax and semantics. Discourse and syntax. New York: Academic Press, 1979: 311 - 335.

[22] LI C N, THOMPSON S A. Mandarin Chinese: a functional reference grammar [M]. Los Angeles: University of California Press, 1981.

[23] LI C I. Participant anaphora in mandarin Chinese [D]. Gainesville: University of Florida, 1985.

[24] LI H. Topic chain structure in Chinese conversations [D]. Minnesota: University of Minnesota, 1995.

[25] LI W. The topic chain in Chinese: a discourse analysis and its application in teaching [M]. Muenchen: Lincom Europa, 2005.

[26] LI W. Grounding in Chinese written narrative discourse [M]. Leiden/Boston: Brill, 2018.

[27] MARTION J. R. English text: system and structure [M]. Amsterdam: Benjamins, 1992.

[28] SHI D. Topic Chain as a syntactic category [J]. Journal of Chinese Linguistics, 1989, 17 (2): 223 – 262.

[29] SHI D. The nature of topic comment constructions and topic chains [D]. Los Angeles: University of California, 1992.

[30] TOMLIN R. S. Foreground – background information and the syntax of subordination [J]. Text, 1985 (5): 85 – 122.

[31] TSAO F. A functional study of topic in Chinese: the first step towards discourse analysis [M]. Translated by Xie Tianwei. Beijing: Language Press, 1995.

[32] TSAO F. Sentence and clause structure in Chinese: a functional perspective [M]. Translated by Wang Jing. Beijing: Beijing Language and Culture University Press, 2005.

[33] WILSON K G. The Columbia guide to standard American English [M]. New York: Columbia University Press, 1993.

[34] XU Y. Resolving third – person anaphora in Chinese text: toward a functional – pragmatic model [D]. Hong Kong: Hong Kong Polytechnic University, 1995.

[35] TEUN A, VAN D. Text and context: explorations in the semantics and pragmatics of discourse [M]. London: Longman Group, 1977.

[36] ZHANG K D. Mandarin existential construction as a reference – point construction [J]. Cognitive Linguistic Studies, 2016 (1): 91 – 112.

中文文献

[1] 曹雪芹,高鹗. 红楼梦 [M]. 北京:人民文学出版社,2013.

[2] 曹禺. 雷雨 [M]. 北京:北京十月文艺出版社,2017.

[3] 陈昌来. 现代汉语句子 [M]. 上海:华东师范大学出版社,2000.

[4] 陈建民. 现代汉语句型论 [M]. 北京:语文出版社,1986.

[5] 陈平. 汉语双项名词句与话题陈述结构 [J]. 中国语文,2004 (6):493 – 507,575.

[6] 陈平. 汉语的形式、意义与功能 [M]. 北京：商务印书馆, 2017.

[7] 陈望道. 修辞学发凡 [M]. 上海：上海教育出版社, 1979.

[8] 陈玉东, 段汝丽. 评书流水句的韵律表达 [J]. 当代修辞学, 2020 (1)：74-87.

[9] 崔靓. 汉语流水句的判定要素与本质属性 [J]. 外国语言文学, 2023 (6)：59-69.

[10] 邓凌云. 简析流水句的小句间联结手段 [J]. 湖南科技学院学报, 2005 (8)：116-118.

[11] 范开泰. 省略、隐含、暗示 [J]. 语言教学与研究, 1990 (2)：20-32.

[12] 范晓. 汉语的句子类型 [M]. 太原：书海出版社, 1998.

[13] 方梅. 由背景化触发的两种句法结构：主语零形反指和描写性关系从句 [J]. 中国语文, 2008 (4)：291-303, 383.

[14] 高更生. 长句分析 [M]. 北京：中国社会科学出版社, 1988.

[15] 高名凯. 汉语语法论 [M]. 北京：商务印书馆, 1986.

[16] 高宁. 流水句与翻译 [J]. 东北亚外语研究, 2016 (4)：83-90.

[17] 高万云. 也谈"流水格局"的真原由 [M] // 孔宪中, 等. 让汉语文站在巨人的肩膀上. 北京：商务印书馆, 1997.

[18] 古华. 芙蓉镇 [M]. 北京：人民文学出版社, 1981.

[19] 顾伟丽. 香樟树 [M]. 武汉：长江文艺出版社, 2004.

[20] 郭绍虞. 汉语语法修辞新探：上册 [M]. 北京：商务印书馆, 1985.

[21] 韩燕. 汉语流水句研究述评 [J]. 宁夏大学学报：人文社会科学版, 2023 (3)：60-66.

[22] 何婷. 汉语流水句连贯机制的认知研究 [D]. 成都：四川外国语大学, 2012.

[23] 何清强, 王文斌. 时间性特质与空间性特质：英汉语言与文字关系探析 [J]. 中国外语, 2015 (3)：42-49.

[24] 何清强, 王文斌. 空间性特质与汉语的个性特点：从离合词的成因谈起 [J]. 外国语, 2016 (3)：2-11.

[25] 胡明扬. 老乞大复句句式 [J]. 语文研究, 1984 (8)：35-40.

[26] 胡明扬, 劲松. 流水句初探 [J]. 语言教学与研究, 1989 (4)：42-54.

[27] 胡曙中. 语篇语言学导论 [M]. 上海：上海外语教育出版社，2012.

[28] 胡文泽. 汉语存现句及相关并列紧缩结构的认知功能语法分析 [J]. 语言教学与研究，2004（4）：1-13.

[29] 胡裕树. 现代汉语 [M]. 上海：上海教育出版社，2011.

[30] 黄伯荣，李炜. 现代汉语：下册 [M]. 北京：北京大学出版社，2012.

[31] 黄伯荣，廖序东. 现代汉语 [M]. 北京：高等教育出版社，2017.

[32] 黄传惕. 故宫博物院 [M]. 武汉：长江文艺出版社，2019.

[33] 黄国文. 语篇分析概要 [M]. 长沙：湖南教育出版社，1988.

[34] 黄南松. 现代汉语的指称形式及其在篇章中的运用 [J]. 世界汉语教学，2001（2）：28-37.

[35] 黄衍. 试论英语主位和述位 [J]. 外国语，1985（5）：32-36.

[36] 蒋侠. 流水句英译的认知解读 [J]. 山东外语教学，2010（3）：94-98.

[37] 金宇澄. 繁花 [M]. 上海：上海文艺出版社，2014.

[38] 孔宪中. 语法与文句的格局 [M]// 让汉语文站在巨人的肩膀上. 北京：商务印书馆，1997.

[39] 老舍. 鼓书艺人 [M]. 北京：译林出版社，2012.

[40] 老舍. 月牙集 [M]. 南京：译林出版社，2012.

[41] 老舍. 茶馆·龙须沟 [M]. 北京：人民文学出版社，2017.

[42] 老舍. 骆驼祥子 [M]. 北京：人民文学出版社，2017.

[43] 老舍. 正红旗下 [M]. 北京：作家出版社，2018.

[44] 黎锦熙. 黎锦熙语言文字学论著选集 [M]. 北京：北京师范大学出版社，2002.

[45] 黎锦熙. 新著国语文法 [M]. 长沙：湖南教育出版社，2007.

[46] 李晋霞. 从"话题—述题"看叙事语篇流水句的"断"与"连" [J]. 语言科学，2021（2）：138-149.

[47] 连淑能. 英汉对比研究 [M]. 北京：高等教育出版社，2002/2010.

[48] 廖秋忠. 廖秋忠文集 [M]. 北京：北京语言学院出版社，1992.

[49] 林杏光. 汉语句型 [M]. 北京：中国国际广播出版社，1990.

[50] 刘道英. "隐含"不同于"省略" [J]. 汉语学习，1999（6）：14-18.

[51] 刘宓庆. 汉英对比与翻译 [M]. 南昌：江西教育出版社，1992.

[52] 刘宓庆．新编汉英对比与翻译［M］．北京：中国对外翻译出版公司，2006.

[53] 刘震云．一句顶一万句［M］．武汉：长江文艺出版社，2016.

[54] 卢达威．新支话题的句法成分和语义角色研究［J］．中文信息学报，2021（10）：21-31.

[55] 卢英顺．认知图景理论在语篇研究中的运用［J］．当代修辞学，2023（1）：21-29.

[56] 陆文夫．人之窝［M］．上海：上海文艺出版社，1995.

[57] 鲁迅．阿Q正传［M］．北京：北京联合出版公司，2014.

[58] 吕叔湘．汉语语法分析问题［M］．北京：商务印书馆，1979/2013.

[59] 吕叔湘．中国文法要略［M］．北京：商务印书馆，1942/2014.

[60] 马南邨．燕山夜话［M］．武汉：长江文艺出版社，2019.

[61] 聂仁发．现代汉语语篇研究［M］．杭州：浙江大学出版社，2009.

[62] 裴毅然．汉语、英语与思维定势：回应孔宪中教授引起的讨论［M］//孔宪中，等．让汉语文站在巨人的肩膀上．北京：商务印书馆，1997.

[63] 彭宣维．语篇主题系统［D］．北京：北京大学，2001.

[64] 彭宣维．语篇主题链系统［J］．外语研究，2005（4）：6-13.

[65] 钱乃荣．话题句和话题链［J］．汉语学习，1989（1）：3-7.

[66] 钱锺书．围城［M］．北京：人民文学出版社，1991.

[67] 屈承熹．汉语篇章语法［M］．潘文国，等译．北京：北京语言大学出版社，2006.

[68] 屈承熹．汉语篇章句及其灵活性：从话题链说起［J］．当代修辞学，2018（2）：1-22.

[69] 邵敬敏．建立以语义特征为标志的汉语复句教学新系统刍议［J］．世界汉语教学，2007（4）：94-104，4.

[70] 邵敬敏．现代汉语通论：下［M］．3版．上海：上海教育出版社，2016.

[71] 申小龙．中国句型文化［M］．长春：东北师范大学出版社，1988.

[72] 申小龙．汉语与中国文化：修订本［M］．上海：复旦大学出版社，2008.

[73] 沈家煊．汉语里的名词和动词［J］．汉藏语学报，2007（1）：27-47.

[74] 沈家煊．我看汉语的词类［J］．语言科学，2009（1）：1-12.

[75] 沈家煊. 从"演员是个动词"说起:"名词动用"和"动词名用"的不对称[J]. 当代修辞学,2010a(1):1-12.

[76] 沈家煊. 英汉否定词的分合和名动词的分合[J]. 中国语文,2010b(5):387-399.

[77] 沈家煊."名动词"反思:问题和对策[J]. 世界汉语教学,2012a(1):3-17.

[78] 沈家煊."零句"和"流水句":为赵元任先生诞辰120周年而作[J]. 中国语文,2012b(5):403-415.

[79] 沈家煊. 汉语的逻辑这个样,汉语是这样的:为赵元任先生诞辰120周年而作之二[J]. 语言教学与研究,2014(2):1-10.

[80] 沈家煊. 立足语言多样性研究汉语[N]. 人民日报,2015-08-19(7).

[81] 沈家煊."二"还是"三":什么是一个最小流水句[J]. 汉语语言学,2021(1):5-34.

[82] 沈阳,郭锐. 现代汉语[M]. 北京:高等教育出版社,2014.

[83] 盛丽春. 现代汉语流水句研究[D]. 长春:吉林大学,2016.

[84] 施关淦. 关于"省略"和"隐含"[J]. 中国语文,1994(2):125-128.

[85] 宋柔. 汉语叙述文中的小句前部省略现象初析[J]. 中文信息学报,1992(3):62-68.

[86] 宋柔. 汉语篇章广义话题结构的流水模型[J]. 中国语文,2013(6):483-494.

[87] 宋玉柱. 现代汉语存在句[M]. 北京:语文出版社,2007.

[88] 苏童. 罂粟之家[M]. 杭州:浙江人民出版社,2019.

[89] 孙坤. 汉语话题链的特点与本质:兼论话题链与零回指的差异[J]. 汉语学习,2014(6):52-63.

[90] 孙坤. 汉语话题链范畴、结构与篇章功能[J]. 语言教学与研究,2015(5):72-82.

[91] 田然. 设景机制与语篇难度级差之关联[J]. 语言与翻译,2017(1):10-15.

[92] 田然. CSL二语学习者汉语语篇小句设景机制研究[J]. 对外汉语研究,2023(2):13-24.

[93] 完权. 零句是汉语中语法与社会互动的根本所在 [M] //方梅,曹秀玲. 互动语言学与汉语研究:第二辑. 北京:社会科学文献出版社,2018.

[94] 王洪君,李榕. 论汉语语篇的基本单位和流水句的成因 [J]. 语言学论丛,2014 (1):11–40.

[95] 王建国. 论话题的延续:基于话题链的汉英篇章研究 [M]. 上海:上海交通大学出版社,2013.

[96] 王静. 现代汉语静态话题链的句法组织原则 [J]. 语言教学与研究,2004 (2):30–39.

[97] 王静. 现代汉语动态话题链的组织规律 [J]. 语言教学与研究,2006 (2):57–65.

[98] 王静. 语篇与话题链关系初探 [J]. 世界汉语教学,2006b (2):74–85.

[99] 王力. 中国文法学初探 [M]. 北京:商务印务馆,1936/2000.

[100] 王力. 中国语法理论 [M]. 上海:上海商务印书馆,1955.

[101] 王力. 汉语语法纲要 [M]. 上海:新知识出版社,1957.

[102] 王力. 中国现代语法 [M]. 北京:商务印书馆,2011.

[103] 王力. 中国语法理论 [M]. 北京:中华书局,2015.

[104] 王维贤,张学成,卢曼云,等. 现代汉语复句新解 [M]. 上海:华东师范大学出版社,1994.

[105] 王文斌. 论英语的时间性特质与汉语的空间性特质 [J]. 外语教学与研究,2013 (2):163–173.

[106] 王文斌. 论英汉表象性差异背后的时空性:从 Humboldt 的"内蕴语言形式"观谈起 [J]. 中国外语,2013 (3):29–36.

[107] 王文斌. 从独语句的存在看汉语的空间性特质 [J]. 当代修辞学,2018 (2):44–54.

[108] 王文斌. 论英汉的时空性差异 [M]. 北京:外语教学与研究出版社,2019.

[109] 王文斌,崔靓. 试论英语的西方音乐特征与汉语的中国绘画特征 [J]. 外语教学,2016 (3):8–12.

[110] 王文斌,崔靓. 足立本土,眼放国际:读《陈平语言学文选》[J]. 世界汉语教学,2018 (4):506–516.

[111] 王文斌,何清强. 汉英篇章结构的时空性差异:基于对汉语话题链的回指及其英译的分析[J]. 外语教学与研究,2016(5):657-668.

[112] 王文斌,于善志. 汉英词构中的空间性和时间性特质[J]. 解放军外国语学院学报,2016(6):1-8.

[113] 王文斌,赵朝永. 汉语流水句的空间性特质[J]. 外语研究,2016(4):17-21.

[114] 王文斌,赵朝永. 汉语流水句的分类研究[J]. 当代修辞学,2017(1):35-43.

[115] 王文斌,赵朝永. 论汉语流水句的句类属性[J]. 世界汉语教学,2017(2):171-180.

[116] 王振平. 句子长度与译文质量的关系[J]. 天津外国语学院学报,2006(4):25-28.

[117] 魏巍. 东方[M]. 北京:人民文学出版社,2015.

[118] 韦忠生,胡奇勇. 汉语流水句汉译英探析[J]. 集美大学学报(哲学社会科学版),2005(2):82-85.

[119] 翁义明,王金平. 文学语篇机器翻译的特征与局限:汉语流水句人机英译对比研究[J]. 当代外语研究,2020(6):128-137,2.

[120] 翁义明,程兴雅. 基于话题链的流水句零形回指语篇连贯[J]. 太原师范学院学报(社会科学版),2023(2):61-66.

[121] 翁义明,李芳艳. 汉语流水句形成的语言类型学机制[J]. 宜春学院学报,2023(7):80-85.

[122] 翁义明,肖清敏. 流水句形成的顺序象似性句法机制[J]. 信阳师范学院学报(哲学社会科学版),2024(1):121-126.

[123] 邬菊艳. 汉语流水句英译中核心句的选择与构[J]. 上海翻译,2023(4):26-31.

[124] 吴碧宇. 汉语话题链构成句子的条件研究[M]. 上海:上海交通大学出版社,2015.

[125] 吴承恩. 西游记[M]. 上海:上海外语教育出版社,2010.

[126] 吴竞存,梁伯枢. 现代汉语句法结构与分析[M]. 北京:语文出版社,1992.

[127] 吴卸耀. 现代汉语存现句 [M]. 上海：学林出版社，2006.

[128] 邢福义. 汉语复句研究 [M]. 北京：商务印书馆，2001/2014.

[129] 许余龙. 汉英篇章中句子主题的识别 [J]. 外国语，1996（6）：3-9.

[130] 许余龙. 篇章回指的功能语用探索：一项基于汉语民间故事和报刊语料的研究 [M]. 上海：上海外语教育出版社，2004/2021.

[131] 徐晶凝. 如何在流水句中划定句子的边界：兼谈单句、复句、句群的划分问题 [J]. 语言教学与研究，2023（4）：58-69.

[132] 徐赳赳. 现代汉语篇章回指研究 [M]. 北京：中国社会科学出版社，2003.

[133] 徐赳赳. 现代汉语联想回指分析 [J]. 中国语文，2005（3）：195-204.

[134] 徐赳赳. 现代汉语篇章语言学 [M]. 北京：商务印书馆，2010/2014.

[135] 徐烈炯，刘丹青. 话题的结构与功能 [M]. 上海：上海教育出版社，1998/2007.

[136] 徐盛桓. 主位和述位 [C] //王福祥，白春仁. 话语语言学论文集. 北京：外语教学与研究出版社，1989：134-152.

[137] 徐思益. 关于汉语流水句的语义表达问题 [J]. 语言与翻译（汉文）2002（1）：10-14.

[138] 杨彬. "话题链"的重新定义 [J]. 当代修辞学，2016（1）：72-78.

[139] 杨朔. 杨朔散文：中华散文珍藏版 [M]. 北京：人民文学出版社，2005.

[140] 杨朔. 三千里江山 [M]. 南京：江苏凤凰文艺出版社，2019.

[141] 杨宪益，戴乃迭，汪龙麟. 汉魏六朝小说选 [M]. 北京：外文出版社，2006.

[142] 姚小鹏. 汉语副词连接功能研究 [D]. 上海：上海师范大学，2011.

[143] 姚雪垠. 李自成 [M]. 北京：人民文学出版社，2015.

[144] 易花萍. 汉语"流水句"论析 [J]. 楚雄师范学院学报，2008（8）：48-52.

[145] 尤凤伟. 金龟 [M]. 北京：北京出版社，1998.

[146] 余华. 活着 [M]. 北京：作家出版社，2012/2013.

［147］余华．许三观卖血记［M］．北京：作家出版社，2017．

［148］于善志，王文斌．英语时制中的时间关系及其语篇功能［J］．外语教学与研究，2014（3）：323－336．

［149］袁毓林．流水句中否定的辖域及其警示标志［J］．世界汉语教学，2000（3）：22－33．

［150］曾敏，李治平．话题链话题的隐现规律与功能解释［J］．语文学刊，2008（7）：96－97．

［151］张斌．现代汉语语法分析［M］．上海：华东师范大学出版社，2002．

［152］张斌．现代汉语描写语法［M］．北京：商务印书馆，2010/2015．

［153］张今，张克定．英汉语信息结构对比研究［M］．开封：河南大学出版社，1998．

［154］张培翠，孙文统．话题链的句法地位及生成机制研究［J］．现代语言学，2023（2）：370－382．

［155］张秋杭．句法从属与语篇设景机制：以汉语描写性关系从句为例［J］．解放军外国语学院学报，2023（2）：77－84．

［156］赵元任．中国话的文法［M］．丁邦新，译．香港：香港中文大学出版社，1968/1980．

［157］赵元任．汉语口语语法［M］．吕叔湘，译．北京：商务印书馆，1979/2012．

［158］钟道新．超导［M］．太原：北岳文艺出版社，2016．

［159］中国社会科学院语言研究所．现代汉语词典［M］．北京：商务印书馆，2016．

［160］钟小勇．存现宾语话语指称性分析［J］．语言研究，2015（4）：28－34．

［161］周锐．从汉语句首名词性独立附加语看汉英句构差异：以汉语的空间性特质与英语的时间性特质为视角［D］．北京：北京外国语大学，2017．

［162］朱晓农．语言限制逻辑再限制科学：为什么中国产生不了科学？［J］．华东师范大学学报（哲学社会科学版），2015（6）：10－28．

［163］朱永生，严世清．系统功能语言学多维思考［M］．上海：上海外语教育出版社，2001．

［164］朱自清．荷塘月色［M］．天津：天津人民出版社，2010．

[165] 左飚. 环性和线性:中西文化特性比较[M]//王菊泉,郑立信. 英汉语言文化对比研究 1995—2003. 上海:上海外语教育出版社,2001:507-514.